智库 中社

国家智库报告 2020（10）
National Think Tank

社会·政法

中国，一点都不能少：
跨国企业遵守"一个中国"原则状况观察

支振锋 田丽 刘晶晶 丁文婕 著

CHINA, NOT EVEN A BIT CAN BE LEFT BEHIND:
AN OBSERVATION ON THE COMPLIANCE WITH
ONE-CHINA PRINCIPLE BY TRANSNATIONAL
CORPORATIONS

中国社会科学出版社

图书在版编目（CIP）数据

中国，一点都不能少：跨国企业遵守"一个中国"原则状况观察／
支振锋等著. —北京：中国社会科学出版社，2020.3
（国家智库报告）
ISBN 978 - 7 - 5203 - 6165 - 1

Ⅰ.①中…　Ⅱ.①支…　Ⅲ.①跨国公司—企业责任—社会责任—
研究—中国②台湾问题—研究③一国两制—研究　Ⅳ.①F279.247
②D618

中国版本图书馆 CIP 数据核字（2020）第 050883 号

出 版 人	赵剑英
项目统筹	王　茵
责任编辑	马　明　范晨星
责任校对	杨　林
责任印制	李寡寡

出　　　版	中国社会科学出版社
社　　　址	北京鼓楼西大街甲 158 号
邮　　　编	100720
网　　　址	http://www.csspw.cn
发 行 部	010 - 84083685
门 市 部	010 - 84029450
经　　　销	新华书店及其他书店

印刷装订	北京君升印刷有限公司
版　　　次	2020 年 3 月第 1 版
印　　　次	2020 年 3 月第 1 次印刷

开　　　本	787×1092　1/16
印　　　张	9.25
插　　　页	2
字　　　数	95 千字
定　　　价	58.00 元

凡购买中国社会科学出版社图书，如有质量问题请与本社营销中心联系调换
电话：010 - 84083683

项目首席专家：

支振锋　中国社会科学院法学所研究员、西北大学兼职教授

项目组成员：

张真理　北京市社会科学院法学研究所研究员、所长

周净泓　北京市社会科学院博士后研究人员

韩莹莹　北京物资学院校办副主任、助理研究员

刘晶晶　中国社会科学院上海研究院博士研究生

丁文婕　中国社会科学院大学（研究生院）硕士生

李　彤　中国社会科学院大学（研究生院）硕士生

李哲哲　北京大学新媒体研究院硕士生

项目合作单位：

西北大学中国数字法治研究院

北京大学互联网发展研究中心

摘要： 国家统一和领土主权完整是任何一个国家的核心利益，也是国际法予以尊重的普遍原则，并在各主权国家的法律中以不同形式得到体现。跨国公司作为当今国际经济领域的重要市场主体，遵守所在国法律应该是其开展业务的前提。港澳台地区是我国的固有领土与不可分割的部分。虽然目前台湾尚未统一，香港和澳门特别行政区回归之后实行"一国两制"，但"一个中国"是国际法所确认的法理事实，这一原则是包括跨国公司在内所有国际性私营或公共部门必须遵守的法律要求。然而，由于意识形态偏见或者无端的傲慢，以世界500强为代表的跨国公司遵守"一个中国"原则的情况并不乐观。有鉴于此，中国社会科学院法学研究所支振锋研究员与北京大学新媒体研究院田丽副教授共同发起成立专项研究课题组，围绕"跨国企业尊重'一个中国'原则状况"进行调研，并就相关情况发布观察报告。

关键词： 一个中国；跨国企业；官网地区标识；合规经营

Abstract: As important players in international market, multinational enterprises shall abide by the laws of the host states, which is a prerequisite for business operation. Mainland and Taiwan although not yet unified, and Hong Kong, as well as Macao, is a special administrative region of China that operates under "One Country, Two Systems" principle, the "One China Principle" is a legal fact recognized by international law. All international public or private sector actors, including multinational enterprises, should comply with this principle. But in fact, because of ideological prejudice or unprovoked arrogance, it is not optimistic of the overall condition that "One China Principle" is respected by multinational enterprises in Fortune 500. In view of this fact, "Blue Book on Rule of Law in Cyberspace" has carried out a detailed investigation and research on the situation of compliance with the "One China Principle" by foreign enterprises.

Keywords: One China Principle; Fortune 500; Territorial Awareness; Map Identification

目　　录

一　研究背景

国家统一和领土主权完整是任何一个国家的核心利益，受到国际法的普遍尊重，并在各主权国家的法律中以不同形式体现出来。作为尚未实现国家完全统一的大国，在我国恢复对香港、澳门行使主权之后，争取早日实现国家完全统一，就成为新时代中华民族伟大复兴的必然要求。祖国必须统一，也必然统一。当前，在国内外维护"一个中国"原则要求，不仅仅是我们必须给予重视的问题，更是我们必须担负起的责任。

2017年10月18日，中国共产党第十九次全国代表大会在人民大会堂开幕，习近平总书记代表第十八届中央委员会向大会作了题为《决胜全面建成小康社会　夺取新时代中国特色社会主义伟大胜利》的报告并指出，"香港、澳门回归祖国以来，'一国两制'实践取得举世公认的成功。事实证明，'一国两制'是解决历史遗留的香港、澳门问题的最佳方案，也是香港、澳门回归后保持长期繁荣稳定的最佳制度。""解决台湾问题、实现祖国完全统一，是全体中华儿女共同愿望，是中华民族根本利益所在。"① 不忘初心，方得始终。自"一国两制"构想提出以来，在"一个中国"的基础上，"两种制度"并行发展，中华民族欣欣向荣。实现祖国完全统一，是中华民族的共同期盼；坚决维护"一个中国"原则，是每一个中国公民不变的信念。

（一）跨国企业作为国际经济重要主体，应尊重各国主权和领土完整

跨国企业尤其是世界 500 强企业在现代世界经济运行中占有突出地位，不仅在本国国内市场举足轻重，在国际市场上也影响巨大。跨国公司固然是市场主体，且多为私营部门，但由于其在本国及相关国家经济中的重要地位，及其通过产品、服务、营销、政策游说等种种行为对各国消费者、一般公民甚至政府的巨大影响，故而应承担更多的社会责任，尤其应展现出对

---

① 习近平：《决胜全面建成小康社会　夺取新时代中国特色社会主义伟大胜利——在中国共产党第十九次全国代表大会上的报告》，人民出版社 2017 年版。

国际法要求、惯例和国家领土、主权相关规定的遵守，以及对不同国家文化传统和风俗习惯的尊重。实践中，大型跨国公司的影响早已突破了经济领域，在政治、文化和社会领域也产生越来越大的影响。

由于业务遍及全球多个国家，在互联网时代，以世界500强企业为代表的跨国公司特别注重通过互联网站、移动应用程序（以下简称APP）等形式向全世界提供信息服务，以介绍公司、塑造形象、推广或者运营业务。信息化和网络化成为当前跨国公司业务运行的重要手段和典型特征，网站或者APP等其他互联网应用程序与软件，既是一个宣传媒介、一种产品或服务，也是一个重要的表达立场和观点、具有重要影响的传播阵地。跨国公司在其主要提供服务的网站或应用程序，特别是官方网站上，如何标识相关国家的地图、国旗等敏感信息，就不仅仅是一项单纯的市场活动，也会产生重要的政治影响，甚至是该公司政治立场的重要宣示。

（二）"一个中国"原则是在华跨国企业 必须遵守的法律要求

由于近代西方列强的殖民和侵略，中国迄今尚未完全实现国家统一，这是西方殖民侵略强加给中国人民的痛苦。以台湾和香港为棋子不断对中国"打劫"以实现战略牵制，全面围堵中国，扼制中华民族伟大复兴，到今天仍然是某些西方国家频繁使用的手段。通过艰苦卓绝的斗争，中国人民已经站起来，正在走向富起来和强起来。"一个中国"原则已经成为公认的国际法要求，得到国际社会的普遍认同和遵守。

在这个背景下，作为在国际经济领域扮演重要角色的世界500强企业，在其业务活动中是否遵守"一个中国"原则这个公认的国际法要求，既体现其业务活动是否合规，以及对中国主权领土完整是否尊重，也体现其企业经营方式是否专业和是否积极承担社会责任。有鉴于此，2018年上半年，中国民用航空局曾向44家境外航空公司发布通告，要求它们遵守中国法律，尊重"一个中国"原则，修改其网站中不正确的地区标识，将台湾改为中国台湾，同时就涉及中国香港、澳门等地的类似问题也一并整改。截至当年7月25日，44家境外航空公司全部进行了整改，虽然结果并不十分理想。[①]

自2018年始，中国社会科学院法学研究所支振锋研究员和北京大学新媒体研究院田丽副教授专门组织

---

① 参见《中国民用航空局通报相关外航网站涉港澳台信息整改情况》，中国民用航空局官网，http://www.caac.gov.cn/XWZX/MHYW/2018 07/t20180726_ 190012. html，最后访问时间为2019年10月9日。

课题组，从世界 500 强企业的官网（特指该公司总部在其注册国家所开办的官方网站）对我国港澳台地区的标识情况切入，观察相关企业对"一个中国"原则要求的遵守情况。① 2018 年报告发布之后，反响良好，取得了很好的预期效果。但一年时间过去了，仍然有不少世界 500 强跨国企业并未改正涉港澳台地区的错误标识。为持续考察这些跨国企业官网涉港澳台地区标识情况是否有所改善，课题组今年继续对以世界 500 强企业为代表的跨国企业遵守"一个中国"原则要求情况进行追踪调查。

---

① 参见外企遵守"一个中国"原则状况观察课题组《跨国企业遵守"一个中国"原则状况观察（2018）——从世界 500 强企业官网对我国港澳台地区标识切入》，载李林、支振锋主编《网络法治蓝皮书：中国网络法治发展报告（2018）》，社会科学文献出版社 2018 年版，第 244 页。

二 企业违反"一个中国"原则情况严重

　　世界 500 强企业是国际经济行为的重要主体，但也有一些航空公司、时尚品牌、互联网企业等其他跨国企业，虽然未必跻身世界 500 强行列，却具有一定的政治、经济和社会影响力。对于这些企业遵守"一个中国"原则要求的情况，也值得关注。比如，2018年 1 月 13 日，44 家外国航空公司错误标识港澳台地区的行为，收到中国民航局的整改通报，但有部分美国航空公司在收到中国发出的整改通知后，曾以"听从美国政府要求"为由拒绝整改。① 更有甚者，一些国内媒体、影视作品拍摄机构以及地图出版商，因缺乏版图意识，刊发、出版"问题地图"，涉嫌违法违规。

---

① 参见《美航企"压哨"修改涉台标注　44 家外航已全部整改》，新浪网，http://news.sina.com.cn/c/nd/2018 – 07 – 25/doc-ihfvkitw45 844 62.shtml，最后访问时间为 2019 年 9 月 30 日。

（一）案例一：外国航空公司违反 "一个中国" 原则

1. 事件回顾

2018 年 1 月 12 日，针对达美航空官网将西藏台湾列为 "国家" 事件，约谈了公司相关负责人，2018 年 1 月 13 日，中国民用航空局发布《关于要求外航立即开展网站等宣传途径自查的通知》，要求所有经营至中国航线的外国航空公司立即对本公司官方网站、APP 及其他宣传途径开展自查，检查是否存在将中国的香港特别行政区、澳门特别行政区、台湾地区错误列为 "国家" 及其他不符合中国法律的情况。[①] 2018 年 4 月 25 日，中国民用航空局致函 44 家外国航空公司，要求这些公司在信函发出之日起 30 日内纠正其官网相关内容中违反中国法律、违背 "一个中国" 原则的错误做法。接到通知的绝大多数航空公司纷纷作出回应，对作为国际社会共识的 "一个中国" 原则表示尊重和遵循。

截至 2018 年 5 月 25 日，44 家外国航空公司中的 18 家已经完成了整改，但其中有 26 家航空公司因技术

[①] 中国民用航空局：《关于要求外航立即开展网站等宣传途径自查的通知》，中国民用航空局官网，http://www.caac.gov.cn/XXGK/XXGK/TZTG/201801/t201801 13_ 48647.html，最后访问时间为 2019 年 10 月 9 日。

原因申请延期并承诺整改，同时说明和承诺了完成整改的时间最早为 2018 年 5 月 28 日，最晚为 2018 年 7 月 25 日。中国民用航空局已经复函同意这 26 家航空公司的申请，并表示将密切关注它们的整改情况。

2018 年 7 月 26 日，也就是中国民用航空局要求 44 家外国航空公司网站整改涉及港澳台信息的截止日期后一天，中国民用航空局发表通报确认，涉事的 44 家航空公司在中国政府相关部门的强烈要求下，大部分及时更改了将台湾地区列为"国家"的错误做法，在目的地列表中标识"中国台湾"，同时一并修改了涉及港澳标识的错误问题。但美国联合航空公司、美国航空公司、美国达美航空公司、美国夏威夷航空公司等 4 家航空公司于 7 月 25 日再次向中国民用航空局提交整改报告，表示整改内容正在陆续上线，并恳请中国民用航空局两周后对其官网进行审查。经中国民用航空局核实，这 4 家航空公司官网确已开始进行整改，但整改内容还不完整。对此，中国民用航空局表示将密切关注上述航空公司的整改情况，并视情决定是否启动相应民航管理程序。

至 2018 年 8 月 8 日，也就是延期审查后的截止日，这 4 家航空公司虽然有整改的行动，但是态度十分"拖拉"，甚至在美国达美航空和美国联合航空官网上"国家/地区"还出现了"台湾"一栏。正如我国外交部所指出的，"一个中国"原则要求不容谈判和磋商，坚持"一个中国"原则是中美关系稳定发展的政治基础。

　　该事件从中国民用航空局致函 44 家外国航空公司开始，历时 3 个月外加两周，绝大部分航空公司都完成了整改，中国民用航空局对相关外航遵守"一个中国"原则、及时进行整改的举动也表示了肯定。但个别航空公司在此次整改行动中一再拖延，美国白宫甚至专门发表声明，对中国有关部门要求在华经营的外国企业在其网站和宣传材料中不得将港澳台地区列为"国家"的正当要求进行无端指责。对此，外交部发言人进行了立场坚定、铿锵有力的回应："无论美方讲什么话，都改变不了世界上只有一个中国、港澳台地区是中国领土不可分割的一部分的客观事实。中方将会继续按照'一个中国'原则处理与外国的关系。同时必须指出，在华经营的外国企业应当尊重中国的主权和领土完整，遵守中国法律，尊重中国人民民族感情。"① 美国的这一声明以及部分美国企业在此次整改中态度极不端正的表现，既体现了某些美国私营公司的经营不那么"私"，而是有明显的、公开的政治意

---

① 《外交部回应美方指责：在华外企应尊重中国主权和领土完整》，人民日报 APP 客户端，https：//app. peopleapp. com/Api/600/DetailApi/shareArticle？type＝0&article_ id＝1721819，最后访问时间为 2019 年 10 月 11 日。

识形态表示；也从另一个侧面印证了，我国依法要求包括美国企业在内的在华经营的跨国企业合规经营，尊重"一个中国"原则是完全正当和必要的。

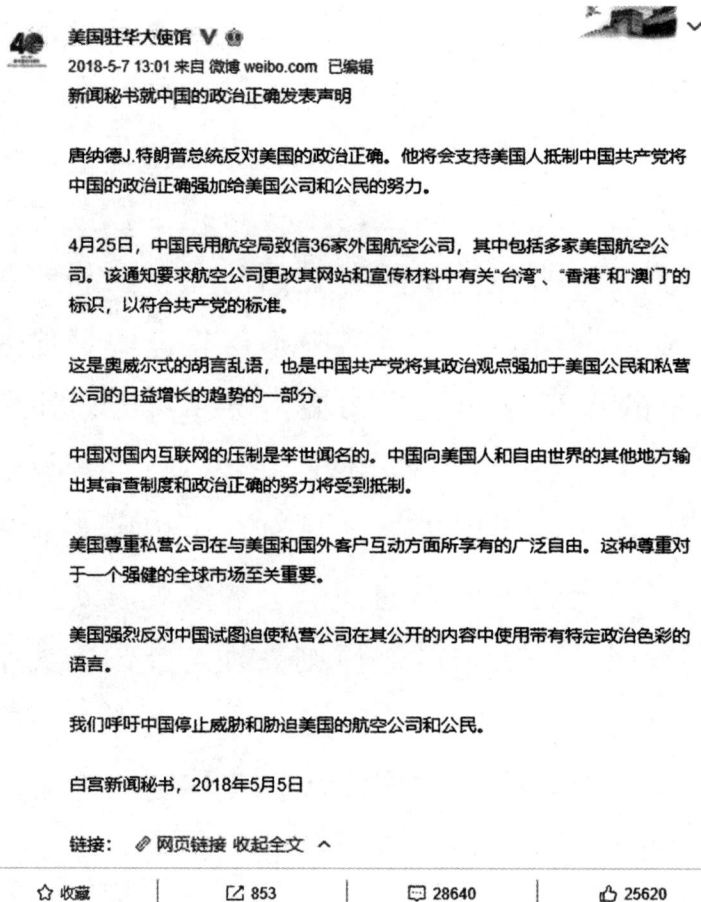

图1　美国白宫声明（2019 年 10 月 11 日截图）

2. 事件分析

航空服务已经有近百年的历史，但航空公司通过网站和 APP 提供机票预订及其他相关服务，则是在进入互联网时代之后才发生的新现象。在前互联网时代，从法理上讲，除非外航在一国境内经营业务，否则该国很难通过"长臂管辖"或者其他方式对外国航空公司遵守本国领土主权完整相关法律的状况进行监督与监管。但在互联网时代，由于互联网跨国界快速传播的特性，外航在官网或 APP 对其他国家部分领土的错误或不当标识，客观上是一种政治态度的宣示，对该国领土主权完整会产生相应的影响。官网或 APP 信息对外公开且跨地域传播，使得它们沦为部分人宣示政治态度的工具，但也为监督与监管提供了可能。无论是出于尊重基本事实还是遵守法理原则，部分领土区域被错误或不当标识的国家，都应采取法律或政治手段来进行应对。

随着中外交流的日益频繁，2018 年全年国内旅游人数 55.39 亿人次，比上年同期增长 10.8%；入境旅游人数 14120 万人次，比上年同期增长 1.2%；出境旅游人数 14972 万人次，比上年同期增长 14.7%；全年实现旅游总收入 5.97 万亿元，同比增长 10.5%。① 数量如此巨大的出入境游客，主要是通过世界各国航空公司的营运服务运输的，因此，外航对涉及我国港澳

① 《中华人民共和国文化和旅游部 2018 年文化和旅游发展统计公报》，文化和旅游部官网，http://zwgk.mct.gov.cn/auto255/201905/t201905 30_844003.html? keywords =，最后访问时间为 2019 年 10 月 25 日。

台地区的标识是否妥当，体现了这些企业对中国领土主权完整的尊重与否，十分重要。

中国民航局 2018 年 1 月 12 日约谈达美航空公司相关负责人，针对达美航空官网将西藏、台湾列为"国家"的事件，明确要求其查明事实，立即整改，并立即向社会公众进行公开道歉。① 随后，相关外国航空公司相继更正官方网站上对台湾的错误标识，这一做法符合国际公认的"一个中国"原则的要求。通过官网或 APP 提供订票服务是外国航空公司开展业务的主要渠道之一，它们在官网和 APP 上对我国港澳台地区的标识，绝不仅仅是商业问题或技术问题，而是涉及中国领土主权完整大是大非的原则问题。中国追求与全球各国建立便捷的空中交流，欢迎外国航空公司在中国依法经营业务，也追求共享安全、合作和可持续的网络空间发展，但中国更要坚定地维护国家领土主权及国家安全，我们绝不能允许外国势力通过网络蓄意分裂中国领土。

2018 年 1 月 13 日，有新闻记者对全球三大航空联盟（星空联盟、天合联盟、寰宇一家）的航空公司进行了调查，发现有 24 家航空公司官网的相关页面存在

---

① 参见《民航局约谈达美航空相关负责人：要求其立即整改、公开道歉》，中国民用航空局官网，http：//www.caac.gov.cn/XWZX/MHYW/201801/t20180112_ 48569.html，最后访问时间为 2019 年 10 月 9 日。

将香港、澳门、台湾与中国并列显示在"国家""国籍"栏目的现象。[①] 为了探究全球三大航空联盟的航空公司在整改后一年多的时间里，是否坚持遵守中国法律，继续履行"一个中国"原则要求，课题组于2019年9月至10月观察了全球三大航空联盟（星空联盟、天合联盟、寰宇一家）中的52家外国航空公司的英文官方网站和中文官方网站，主要观察这些公司官网行程页面中的出发地和到达地列表，在涉及标识中国港澳台地区时是否遵守"一个中国"原则。

在上述范围内，有以下情形的，判定为错误或不当标识我国港澳台地区，在统计中标记为"独列"：

1. 列表以"国家"进行分类时，将我国港澳台地区与其他国家并列，而未添加"中国""China"或"Chinese"字样，也未将港澳台标识为地区的；

2. 列表以"城市"或者"机场"进行分类时，中国以外的国家的城市或者机场均明确标识所属国，但未明确标识港澳台隶属中国；

3. 其他错误或不当标识港澳台地区的，如将台湾标识为"中华民国"。

在上述范围内，有以下情形的，判定为遵守"一

---

① 参见《24家外国航空公司官网仍将香港、澳门、台湾列为"国家"》，澎湃新闻，https：//www.thepaper.cn/newsDetail_forward_1948114，最后访问时间为2019年9月30日。

个中国"原则，在统计中标记为"隶属"：

1. 列表以"国家"进行分类时，将我国港澳台地区设置"中国""China"选项范围下，或虽与其他国家并列，但添加了"中国""China"或"Chinese"字样；

2. 列表以"城市"或者"机场"进行分类时，明确标识港澳台隶属中国。

在上述范围内，未涉及我国港澳台地区标识的，在统计中标记为"未涉及"；列表以"城市"或者"机场"进行分类，且全球各城市或机场均未标识所属国的，在统计中标记为"不详"。

通过此次调查发现，在44家外国航空公司被中国民用航空局要求整改的风波过后，全球三大航空联盟（星空联盟、天合联盟、寰宇一家）的航空公司中，仍有一些航空公司无视"一个中国"原则，继续我行我素，不尊重中国的国家主权和领土完整。包括美国联合航空、哥伦比亚航空、美国达美航空、美国航空、南美航空集团、斯里兰卡航空等在内的6家航空公司存在错误或不当标识我国港澳台地区的情形，这些航空公司或是在以"国家"作为出发地/到达地进行分类时，将港澳台地区与国家并列；或是以"城市"或者"机场"作为出发地/到达地进行分类时，"特殊对待"中国城市，将中国以外的城市或者机场明确标识所属国，但却不明确标识出港澳台（包括台北、高雄等城市）隶属中国。更让人感到匪夷所思的是，斯里兰卡航空竟然出现了"台北，台湾，中华民国"这样的标识。在这6家存在错误或不当标识我国港澳台地区的情形的航空公司中，美国籍公司就有三家，占比高达50％。其中，达美航空公司在2018年1月12日晚间曾针对将西藏、台湾列为"国家"事件，在官网发布公开致歉信。但时隔不到两年，课题组在本次调查中发现该公司在涉及台湾地区标识时，玩起了文字游戏，对中国以外的城市均明确标识所属国，但针对"台中""台北""台南"等城市，则未添加"中国""China"或"Chinese"等字样。此番道歉后两年内又进行"去中国化"的文字操作，可谓费尽心机。

在此次调查中，课题组还发现埃塞俄比亚航空、印度航空等2家公司以"Chinese Taipei"标识台北，鉴于国际奥委会允许台湾以"Chinese Taipei"称呼参加奥运会，且这一模式被亚足联、亚奥理事会、FIFA、世界卫生组织、国际民航组织等多个组织沿用，本次调查暂将"Chinese Taipei""中华台北"等标识认定为合规。

值得注意的是，本次调查范围仅涉及官网行程页面中的出发地和到达地列表。在官网其他页面也存在诸多错误或不当标识我国港澳台地区的情形，如意见投诉页面、酒店预订页面、机场和航站楼栏目、地区和语言栏目等，但本次调研未来得及做更深入观察。

表1　　全球三大航空联盟错误或不当标识港澳台地区的情形

公司名称	所属国	对港澳台地区的标识			错误或不当标识情形
		台湾	香港	澳门	
美国联合航空	美国	独列	独列	独列	以"城市"或"机场"分类时，中国以外的国家的城市或者机场均明确标识所属国，香港、澳门、台北等均未标识隶属中国。
哥伦比亚航空	哥伦比亚	独列	独列	未涉及	以"国家"进行分类时，将港台地区与国家并列。
美国达美航空	美国	独列	隶属	隶属	以"城市"或"机场"分类时，台北、高雄等城市均未标识隶属中国。
美国航空	美国	独列	独列	未涉及	以"城市"或"机场"分类时，中国以外的国家的城市或者机场均明确标识所属国，香港、台北等均未标识隶属中国。
南美航空集团	智利、巴西、阿根廷、哥伦比亚、厄瓜多尔、巴拉圭、秘鲁	独列	独列	未涉及	以"城市"或"机场"分类时，中国以外的国家的城市或者机场均明确标识所属国，香港、台北等均未标识隶属中国。
斯里兰卡航空	斯里兰卡	独列	独列	未涉及	以"国家"进行分类时，将港台地区与国家并列，并且将台湾标识为中华民国。

（二）案例二：外国时尚品牌辱华问题多发

1. 事件回顾

随着中国政府依法要求所有经营至中国航线的外国航空公司涉港澳台信息整改情况的发生，在华经营的外国企业如何定义中国与港澳台地区的关系也成为热议话题。2019 年 8 月，奢侈品牌范思哲（Versace）、蔻驰（Coach）相继被发现其生产的 T 恤产品上存在违背"一个中国"原则，错误标识我国港澳台地区的行为。

2019 年 8 月 10 日晚上，有网友爆料，来自意大利的奢侈品品牌范思哲在其设计的一款 T 恤产品上把中国香港和中国澳门单独列为国家。8 月 11 日凌晨，杨幂工作室通过官方微博发布声明称，范思哲设计的服装涉嫌损害我国国家主权和领土完整，公司及杨幂在获知情况后，已向范思哲品牌发出了"解除协议告知函"，并已停止与范思哲品牌的全部合作。随后，范思哲也在其官方微博上发表声明，对此事件深表歉意，并说明由于设计错误导致某些城市没有使用正确的国家名称，该 T 恤已于 7 月 24 日在范思哲官方所有销售渠道下架并销毁。声明还重申，范思哲热爱中国，坚决地尊重中国领土国家主权。但据报道，截至 8 月 11 日早 9 点，该款短袖 T

恤依旧在某电商平台售卖，定价为2180元。

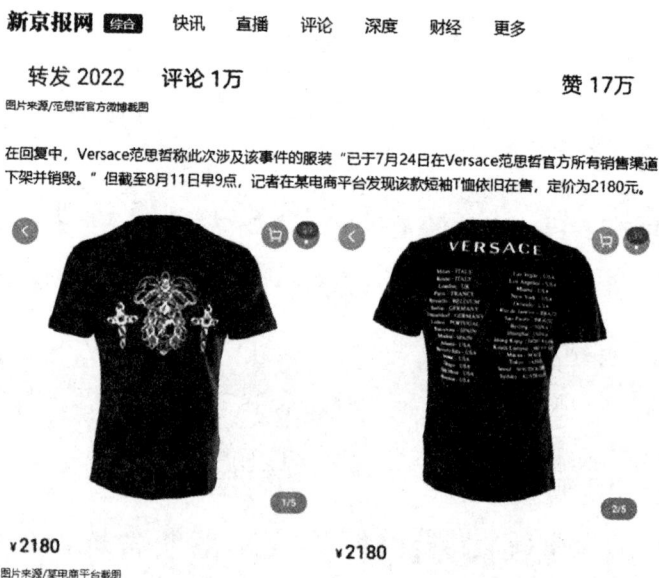

图2 媒体报道"范思哲涉嫌损害中国国家主权和领土完整"
(2019年10月25日截图)

8月12日凌晨，有网友再次在微博爆料，同为奢侈品品牌的美国时尚品牌蔻驰在其T恤产品上也将香港、澳门和台湾单独列为"国家"。同日，蔻驰中国区品牌代言人刘雯委托律师发表严正声明终止与蔻驰品牌的代言合作，并通过其个人微博再次表达"任何时候，中国主权和领土的完整神圣不可侵犯！"，同时也就自己在选择品牌合作商时的不严谨向公众致歉。此外，关晓彤、任嘉伦等演艺人士也发表声明称，与蔻驰品牌已无合作，始终坚持"一个中国"原则。

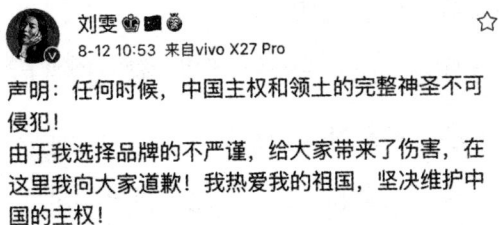

图3　刘雯发表律师声明（2019年10月25日截图）

　　不仅T恤产品上存在错误标识港澳台的问题，而且有媒体记者查询发现，在蔻驰官网上搜索全球门店时，其显示为FIND BY COUNTRY（注：翻译为"按国家查找"）的栏目中，下拉栏赫然显示着香港、澳门和台湾三个地名，并与中国和美国等国家并列。①

　　8月12日中午，蔻驰通过其官方微博发表道歉声

_____

　　①　参见《蔻驰道歉：全球范围下架问题T恤，立刻全面审视修改网站内容》，环球网，https：//world. huanqiu. com/article/9CaKrnKm8Qw，最后访问时间为2019年10月9日。

明，声称一贯尊重并维护中国主权及领土完整，此次
"问题 T 恤"产品在 2018 年 5 月被发现后，已经采取
紧急措施，主动在全球范围的所有渠道将所涉商品下
架，并加强了内部流程管理，以杜绝同类错误再次发
生。同时，已立刻对相关网站的内容进行全面审视及
修改。

图 4　蔻驰发表声明 (2019 年 10 月 26 日截图)

2．事件分析

多个国际品牌被爆出不尊重中国国家主权，在遵守"一个中国"原则上出现违规甚至违法的行为，或在其 T 恤产品上将港澳台地区与中国并列，或在其官网上将港澳台地区单独列为"国家"。这类事件在被媒体或者网友曝光以后，涉事品牌纷纷发布道歉声明，表示尊重中国主权，这些品牌对应的国内明星代言人也毫无例外地火速发表声明与其代言的品牌解约。现将部分品牌道歉时间及方式进行统计：

表 2　　　　　　　部分时尚品牌就辱华道歉情况

序号	品牌	曝光时间	道歉时间	道歉方式
1	范思哲（Versace）	2019.8.11	2019.8.11	微博、INS、Facebook
2	蔻驰（Coach）	2019.8.12	2019.8.12	微博、INS、Facebook
3	纪梵希（Givenchy）	2019.8.12	2019.8.12	微博
4	卡尔文·克莱恩（Calvin Klein）	2019.8.12	2019.8.12	微博
5	亚瑟士（ASICS）	2019.8.12	2019.8.12	微博

注：统计截止时间为 2019 年 9 月 30 日。

可以看出，这些品牌被密集曝光，之后又密集道歉，甚至有人开玩笑地称之为"组团道歉"。无论是从道歉内容上还是道歉形式上看，这些品牌的道歉都显得十分标准化：发表声明—表示歉意—下架产品，一系列套路让国人感觉诚意不足。甚至有的品牌还表面一套背地一套——卡尔文·克莱恩（Calvin Klein）在道歉之后，其官网内嵌地图上仍旧将港澳台地区使用了与北京一样的适用首都的符号。

2018 年 5 月 28—29 日，BBC 中文网随机选择了来自餐饮、时装、化妆品、汽车、酒店、旅游、电器、电脑等行业的 100 家国际公司，通过翻查这些公司的官方网站以了解它们如何定义台湾。[①] 调查的 100 家公司中，有 8 家公司把台湾称为"中国台湾""中华台北""台湾地区"；有 11 家公司仍然把台湾列在"国家"选项栏目或把台湾称为"中华民国"；有 71 家公司不提"国家"或是使用"国家/地区""城市""位置"等进行分类。具体调查结果统计如表 4 所示。

表 3　　BBC 中文网关于"国际公司官网如何定义台湾"的调查结果

序号	如何定义台湾	企业名称	企业数
1	把台湾放在"国家"选项栏目，或把台湾称为"中华民国"	推特（Twitter）、网飞（Netflix）、HTC、普拉达（Prada）、香奈儿（Chanel）、ASOS、H&M 台湾版网站、彪马（Puma）、三越伊势丹、肯德基、菲亚特汽车（Fiat）	11

① 参见《全方位抹去台湾身份是否可行：数据分析 100 间国际公司的台湾表述》，BBC 中文网，https://www.bbc.com/zhongwen/simp/business‑44294191，最后访问时间为 2019 年 10 月 26 日。

续表

序号	如何定义台湾	企业名称	企业数
2	把台湾称为"中国台湾""中华台北""台湾地区"	联想（Lenovo）、惠普（HP）、路易威登（Louise Vuitton）、标致汽车（Peugeot）、本田汽车（Honda）、戴姆勒（Daimler，即奔驰汽车）、福特、希尔顿酒店（Hilton）	8
3	不提"国家"或是使用"国家/地区""城市""位置"等进行分类	亚马逊、雅虎、谷歌（Google）、脸书（Facebook）、苹果公司、微软、eBay、领英（LinkedIn）、戴尔（Dell）、安卓（Android）、宏碁（Acer）、松下电器（Panasonic）、飞利浦（Philips）、西门子、三星、博世（Bosch）、索尼（Sony）、诺基亚、LG、阿玛尼（Armani）、迪奥（Dior）、范思哲（Versace）、博柏利（Burberry）、Calvin Klein、华伦天奴（Valentino）、Zara、Topshop、GAP、菲拉格慕（Ferragamo）、耐克（Nike）、阿迪达斯（Adidas）、SK-II、花王（Kao）、佳丽宝（Kanebo）、莎莎、Gatsby、M. A. C.、多芬（Dove）、兰芝（Laneige）、雅诗兰黛（Estee Lauder）、倩碧（Clinique）、妮维雅（Nivea）、科颜氏（Kiehl's）、美宝莲（Maybelline）、无印良品、宜家家居、家乐福、乐天、星巴克、咖世家、麦当劳、可口可乐、汉堡王、摩斯汉堡、必胜客、7-eleven、日产汽车（Nissan）、大众汽车、booking. com、hotels. com、Agoda、Trivago、客涯（Kayak）、猫途鹰（Tripadvisor）、智游网（Expedia）、天巡网（Skyscanner）、凯悦酒店集团、卡尔森酒店集团、喜达屋酒店（Starwood）、雅高酒店（Accor）、洲际酒店集团（IHG）	71

续表

序号	如何定义台湾	企业名称		企业数
4	其他	在"更改国家"的栏目中,用户可点击旗帜找到各区网站,香港身在此列,但没有区旗,而在国际版目录找不到台湾专页	露得清(Neutrogena)	10
		在国家/地区选项中,香港、台湾特别放在线底下,以显示与"国家"的不同	丰田	
		官方网站国家列表中包括中国,没有台湾,但台湾也有自己的网页	宝马(BMW)	
		在台湾没有业务,但在国际版网站,地图标记中国部分时,并没有包括台湾	沃尔玛(Walmart)	
		中国版网页会找到台湾业务资料,近期GAP因为一件T恤没有把台湾列入中国地图而致歉	GAP	
		国际版网站中台并列在地区,中国版网页写"台湾地区"	Uniqlo	
		国际版网站中台并列在地区,中国版网页写"中国台湾地区"	Zara	

续表

序号	如何定义台湾	企业名称		企业数
4	其他	在国际版网站的顾客服务查询栏目，可以在国际目录中找到中国，但找不到台湾，然而可以点击中国版网页后找得到台湾的资料	古驰（Gucei）	10
		无法查询有关内容	Instagram	
		集团网页的列表是以"国家—语言"来分类，但唯独"繁体中文"没有填写任何地区，而其繁体中文网站亦正在更新	万豪酒店	

注：此表数据结果来源于 BBC 中文网对 100 家国际公司官网的调查，表格内容忠实于原调查结果，详见《全方位抹去台湾身份是否可行：数据分析 100 间国际公司的台湾表述》，BBC 中文网，https：//www.bbc.com/zhongwen/simp/business－44294191，最后访问时间为 2019 年 10 月 26 日。另外，本调查结果中盖璞（GAP）、Zara 重复出现，无法查证原因。

　　这些国际品牌在中国主权问题上屡屡出现问题，新京报专栏作家徐立凡将原因归结为两个，一是分不清市场区块划分与国家主权，即跨国企业根据中国内地与港澳台地区的不同商业制度、货币体系进行不同的市场区块划分；二是国外信息系统缺乏清晰表述，这其中"有一些是有意模糊港澳台地区属于中国的概念"，"有一些是基于推行地缘政治的企图，有意在舆论上把港澳台地区与中国割裂开来，混淆是非"。[①] 但这些都不应该成为侵犯中国国家主权和领土完整的理由，这些企业长期在中国开展经营业务，显然应该熟知中国国情，更应该清楚中国政府及民众在坚持"一个中国"原则上的立场和决心。如果在华跨国企业妄图在涉中国国家主权和领土完整的事件上"以身试法"，中国政府及民众是绝对不能容忍的。

（三）案例三：外国文体界频发涉"港独""台独"雷人雷语

1. 事件回顾

10月5日，当中国人民沉浸在庆祝中华人民共和国成立70周年的喜悦当中之时，NBA休斯敦火箭队总经理达雷尔·莫雷在其个人社交媒体发布涉港不当言论——"为自由而战，和香港在一起（Fight for Freedom，Stand with Hongkong）"。这句话正是近几个月香港暴力分子经常喊的口号，这无异于是公开支持在香港风波中的暴乱分子，甚至可以说是对"港独"

---

① 《蔻驰、纪梵希们为何纷纷在中国主权问题上触礁？》，新京报网，http：//www. bjnews. com. cn/feature/2019/08/13/614729. html，最后访问时间为 2019 年 10 月 26 日。

的支持，作为在中国知名度极高的 NBA 球队经理，公开在其个人社交媒体账号发表这样的不当言论，这一举动直接引起了中国球迷的强烈不满。事件迅速发酵成为热点话题，与该事件相关的讨论迅速占据微博热搜榜。

图5　莫雷社交媒体（2019 年 10 月 5 日）截图

（原图已删，此图源于互联网）

　　10月6日，据中国驻休斯敦总领馆官方网站消息，驻休斯敦总领馆发言人就火箭队总经理错误涉港言论发表谈话，对火箭队总经理莫雷日前发表错误涉港言论表示震惊和强烈不满，已经向火箭队提出严正交涉要求该队作出澄清，立即纠正错误，并采取切实措施，消除恶劣影响。同一天，中国篮球协会通过其官方微博表示强烈反对休斯敦火箭俱乐部总经理莫雷公开发表的涉港不当言论，并将暂停与该俱乐部的交流合作事宜。此外，之前与火箭队保持合作的火箭队中国赞助商浦发银行信用卡中心、腾讯体育、李宁等多家企业都迅速作出对这一事件的回应，宣布与火箭队暂停合作。

图6　中国驻休斯敦总领事馆网站（2019年10月6日）截图

表4   部分中国企业发表声明

时间	企业名称	声明内容
10月6日	浦发银行信用卡中心	针对休斯敦火箭队总经理莫雷在个人社交平台上发表的错误言论，浦发银行信用卡中心表示强烈抗议及反对！祖国尊严高于一切，祖国主权不容挑战！浦发银行信用卡中心已暂停相关市场活动和宣传，并继续敦促休斯敦火箭队对此事件展开彻查并给予合理回复。
10月6日	腾讯体育	第一条声明：针对休斯敦火箭队总经理莫雷在社交媒体上发表的错误言论，我们愤慨、坚决抵制！我们第一时间向休斯敦火箭队和NBA表达了我们对莫雷言论的强烈抗议。体育虽无国界，但爱国高于一切。对于任何事关国家利益的不当言行，我们坚决反对，绝不容忍。在莫雷给出合理回复前，腾讯体育决定将不再报道莫雷的任何相关资讯，并继续与NBA保持沟通，希望就此事件尽快得到明确回复。 第二条声明：腾讯体育将暂停火箭队的比赛直播与资讯报道。从昨天起，选择火箭队的会员球迷已陆续收到提示信息：如希望更换支持的主队，我们将为你安排调整。
10月6日	李宁	针对休斯敦火箭队总经理莫雷在个人社交平台发表的错误言论，我们表示无比愤慨并强烈谴责！李宁公司坚决反对并抵制一切损害国家利益的行为。我们已中止与休斯敦火箭队相关合作，并将持续敦促火箭队针对该事件给予明确答复。
10月6日	你我贷（嘉银金科）	坚决抵制任何企图分裂祖国的言论和行为。鉴于休斯敦火箭队总经理达雷尔·莫雷于北京时间10月5日于推特上发布损害祖国统一的言论。我司作为中华人民共和国企业，对此事感到无比愤慨！已第一时间告知休斯敦火箭队，我司将立即中止与休斯敦火箭队的全部合作事项。 无论何时，祖国的主权和领土完整神圣不容侵犯。坚决维护祖国统一是我们每个中华人民共和国公民及企业义不容辞的责任。国家利益高于一切。

10 月 7 日，莫雷再次通过其个人社交媒体连发两条推文，为自己此前发布的涉港言论辩解，第一条推文表示自己无意冒犯火箭队粉丝和他在中国的朋友们；第二条推文声称："我一直感谢中国粉丝和赞助商的大力支持，我希望那些失望的人能明白，冒犯或者误解并非我的本意。我的推特只代表我本人，绝不代表火箭队或者 NBA。"两条推文中没有出现任何道歉的词语，只是表示个人言论与球队无关。

> **Daryl Morey** ✔ @dmorey · 10月7日
> 1/ I did not intend my tweet to cause any offense to Rockets fans and friends of mine in China. I was merely voicing one thought, based on one interpretation, of one complicated event. I have had a lot of opportunity since that tweet to hear and consider other perspectives.
>
> 💬 1.8万   🔁 2.9千   ♡ 1.2万   ⬆
>
> 显示这个主题帖

> **Daryl Morey** ✔ @dmorey · 10月7日
> 2/ I have always appreciated the significant support our Chinese fans and sponsors have provided and I would hope that those who are upset will know that offending or misunderstanding them was not my intention. My tweets are my own and in no way represent the Rockets or the NBA.
>
> 💬 1.1万   🔁 1.8千   ♡ 8.4千   ⬆
>
> 显示这个主题帖

图 7　莫雷在社交媒体发文辩解（2019 年 10 月 25 日截图）

针对此次事件，NBA 首席传播官迈克尔·巴斯也在 10 月 7 日发表声明："我们对休斯敦火箭队总经理达雷尔·莫雷发表的不当言论感到极其失望，他无疑已经严重地伤害了中国球迷的感情。莫雷现已澄清他的言论不代表火箭队和 NBA 的立场。在 NBA 的价值观下，人们可对感兴趣的事情深入了解并分享自己的看法。我们极其尊重中国的历史与文化，希望体育和 NBA 作为一股团结的正能量，继续为国际文化交流搭建桥梁，将人们凝聚在一起。"但这一声明内容很快被美国媒体发现和英文版的不同，美联社 7 日称，巴斯的这一声明最初以英文发表，原始声明并没有将莫雷的言论称为"不当"，也没有提及"伤害感情"，英文声明中说，莫雷的观点"深深冒犯了"许多中国人，这"令人遗憾"。①

同一天，NBA 总裁亚当·肖华（Adam Silver）接受记者采访时对此事件进行回应，他承认莫雷涉港推文对 NBA 在中国的品牌形象造成了损害，"已经造成了严重的后果"。然而，肖华声称 NBA 是"一家基于价值观的组织"，明确表态支持莫雷"行使他的言论自由"。不过，与肖华此番无条件支持"言论自由"矛盾的是，5 年前同样发生在 NBA 的另一个例子。2014 年，当时的快船队老板斯特林与女友一段录音被曝光，涉及种族歧视言论。而在美国，种族歧视是政

---

① 参见《莫雷"踩雷"后火箭队和 NBA 灭火 美国有人又急了》，新浪网，https：//news. sina. cn/gn/2019 - 10 - 08/detail-iicezuev0645035. d. html，最后访问时间为 2019 年 10 月 8 日。

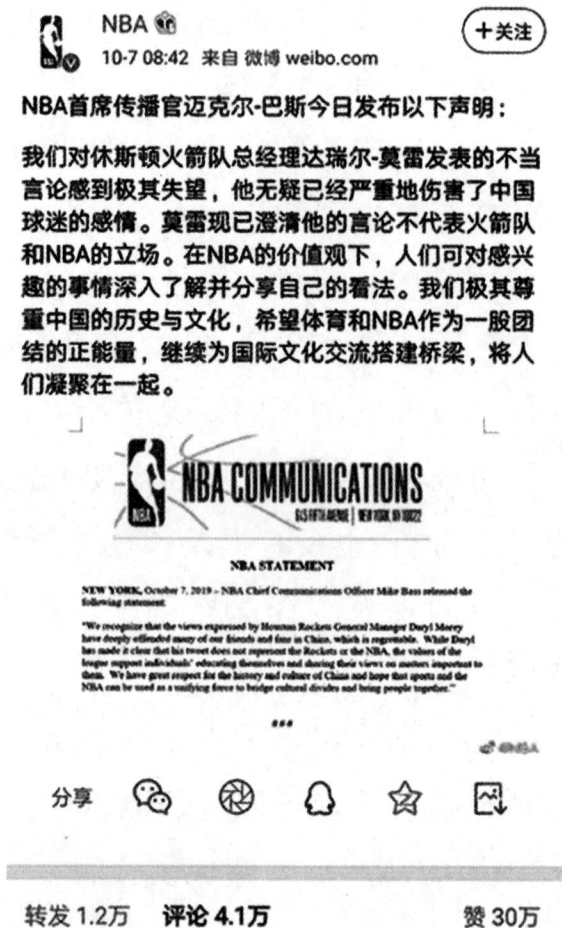

图 8 NBA 首席传播官迈克尔·巴斯发布声明

(2019 年 10 月 25 日截图)

治大忌。最终，NBA 总裁肖华宣布了对快船队老板唐纳德·斯特林种族歧视言论的调查结果，对其处以终身禁赛以及 250 万美元的罚款。①

_____

① 参见《NBA 总裁肖华称支持莫雷》，搜狐网，http：//m. sohu. com/a/345478622_ 115479，最后访问时间为 2019 年 10 月 8 日。

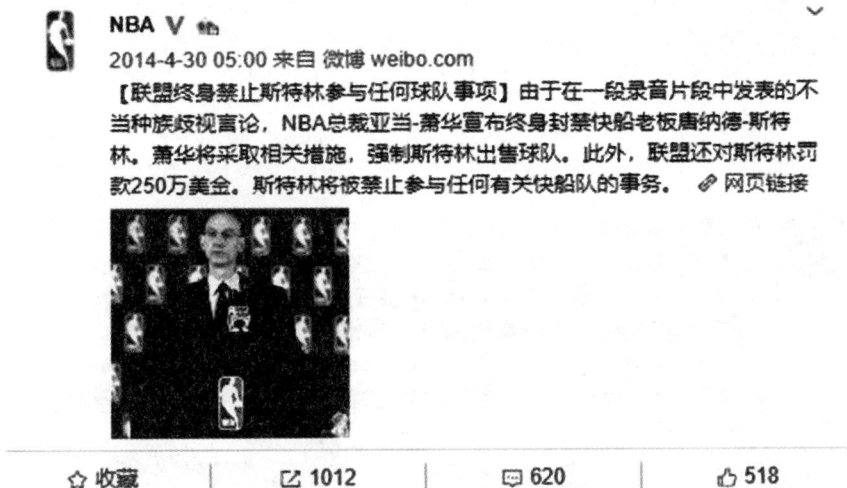

图9　@NBA发文：NBA总裁宣布终身封禁快船老板
唐纳德·斯特林（2019年10月25日截图）

莫雷和NBA首席传播官迈克尔·巴斯发表的声明均未对该事件进行道歉，NBA总裁亚当·肖华更是赤裸裸地表现出他对所谓"言论自由"的双重标准，这再次引发网友的愤怒，事件在网友的关注下持续发酵。10月7日，中国男子篮球职业联赛表示，CBA联盟坚定不移地拥护并执行中国篮协的决定，并已经取消了原定于10月19—20日在苏州和NBA发展联盟的全部4场比赛（其中包括和休斯敦火箭队下属毒蛇队的两场比赛）。同一天，淘宝、京东、苏宁、携程等中国电商平台也都下架了所有与火箭队或NBA相关的产品。

10月8日凌晨，多位NBA中国赛受邀艺人相继发布声明，表示将不出席 9 日的 NBA 球迷之夜及 10 日 NBA 中国赛，并表示"坚持'一个中国'原则，维护祖国统一"。

图 10　媒体报道：NBA 总裁亚当·肖华表态支持莫雷

(2019 年 10 月 25 日截图)

2. 事件分析

作为中国球迷最为熟悉的球队之一的火箭队经理，莫雷在推特上公开发表支持"港独"的不当言论，不仅是对休斯敦火箭队及 NBA 自身品牌形象的伤害，更是对中国球迷及广大中国人民感情的巨大伤害。而在事件发生后，莫雷依然坚持己见，一意孤行，妄图仅仅以所谓的"个人言论与球队无关"论调来进行辩解，罔顾自己发表不正当言论的事实，无疑是错上加错的行为，不仅不可能得到原谅，只会让自己和自己所代表的球队陷入更孤立的处境。正如一句引起广泛共鸣的话所言："球，不止一个球，而国，只有一个国。"

娱乐圈的名人不尊重"一个中国"基本事实，在公开场合发表反华言论，莫雷不是第一个。好莱坞明星李察·基尔炮制反华影片《西藏七年》，并多次参加反华活动；冰岛歌手比约克在上海的演唱会上唱完"高举你们的旗帜，宣布独立吧！"的歌词后，突然高喊"西藏！西藏！"，意在支持"藏独"；英国女艺人简·柏金（Jane Birkin）曾经身披"藏独"旗帜站在阻挠北京奥运圣火在法国传递的反华分子队伍中；日本艺人水原希子曾因在日本社交网站上点赞一张对中国天安门竖中指的照片而引发中国粉丝强烈批评……针对外国艺人反华行径，中国观众和社会各界反应强烈，极为愤慨，纷纷要求对他们来华演出实行严格审核并设立来华不良艺人"黑名单"，禁止参与反华活动和与敏感人物会面的西方艺人来华演出。

国家领土主权高于一切，对于任何有意分裂中国国家领土完整的组织或个人，必须进行强硬有力的回击，警告一切心存妄想的人，中国领土完整不容分割，中国一点都不能少。

作为公众人物的娱乐圈名人，他们的身份、地位以及掌握的资源，使其拥有了具有足够影响力的话语权，但是在发表公开言论的同时，也意味着需要承担与影响力相对应的责任。有网友称，"30 年前，斯特恩背个包，拿着 NBA 的录像带，在央视大厅苦等几个小时，最后用免费转播叩开的中国市场大门，现在被莫雷和肖华关上了"，不同文化可以交流，但绝不能破坏中国主权及领土完整这条底线。不过，我们也看到了，对于境外人士或者企业违反"一个中国"原则的言行，依据我国现行法律，的确应对工具不够丰富，惩罚力度也不够大。大多数时候，只能采取取消商业合作等较为消极的手段。

（四）案例四：国内外企业频现
"问题地图"

1. 事件回顾

2019 年 8 月 1 日，热门电视剧《亲爱的，热爱的》在微博上被曝光剧集中出现"问题地图"，在第 39 集里为了说明某网络安全大赛亚锦赛在上海举行，节目出现了一幅动画地图，每个国家和地区用不同的颜色标注。然而，在绝大部分中国版图都着色的情况下，原本属于中国的海南岛和台湾岛都没有上色，同时，地图在中印边境东西两段的划分上也出现了错误。① 此剧之前就因为导演发表过疑似"台独"言论而争议不断，导致该剧最终更换导演及剧名。此次"问题地图"风波再次将该剧推上风口浪尖，且恰逢"八一"建军节之际，引起网友强烈不满。

当日，男主角李现通过其个人微博@李现ing发表微博："八月一日，想起这身军装，今天的一切来之不易，铭记所有革命先烈。祖国，是我们至高的捍卫，一点都不能少"，疑似作出回应。随后，女主角杨紫工作室通过其官方微博@小猴紫日志发表声明，称部分网络用户散布"杨紫支持台独"等相关不实言论，杨紫本人及团队始终坚持"一个中国"原则，坚决维护祖国统一，坚定捍卫国家主权和领土完整，反对任何分离祖国的言论及行为。但截至2019年10月25日，该博文在@小猴紫日志已经搜索不到，杨紫本人微博主页置顶的博文为"我爱我的祖国 我爱我的家乡"。

针对此事件，国家自然资源部也在8月1日当天迅速作出回应，根据《中华人民共和国测绘法》《地图管理条例》《地图审核管理规定》等相关规定，自

① 参见《〈亲爱的，热爱的〉中国地图残缺 被人民日报点名》，新浪新闻，http://news.sina.com.cn/c/2019 - 08 - 01/doc-ihytcerm7845891.shtml，最后访问时间为2019年10月8日。

然资源部对电视剧相关内容进行了初步核查，发现该剧登载使用的地图未履行地图审核程序，同时该剧登载使用的地图存在错误标识我国藏南地区和阿克赛钦地区国界线、我国台湾岛和海南岛底色与大陆不一致、漏绘我国南海诸岛和南海诸岛归属范围线、克什米尔地区标识不符合国家有关规定等问题。据此，自然资源部已责成属地管理部门对涉嫌违法违规的行为依法进行处理。①

各主流媒体围绕"问题地图"事件纷纷展开讨论，人民日报官方微博发起话题#中国地图的正确打开方式#，截至 2019 年 10 月 25 日，近 13 万用户参与讨论，阅读量达 2.5 亿。

8 月 12 日，上海市规划和自然资源局依据《中华人民共和国测绘法》第六十二条以及《地图管理条例》第四十九条责令电视剧出品方上海剧酷文化传播有限公司改正登载不符合国家规定地图的行为，并处罚款人民币拾万元整。②

---

① 参见《自然资源部核查处理相关影视剧存在的"问题地图"》，中华人民共和国自然资源部官网，http：//www. mnr. gov. cn/dt/ywbb/201908/t20190801_ 2451059. html？tdsourcetag = s_ pcqq_ aiomsg，最后访问时间为 2019 年 10 月 8 日。

② 详情参见《规划和自然资源违法案件行政处罚信息摘要》，上海市规划和自然资源局官网，http：//ghzyj. sh. gov. cn/gtjdoc/bgt/qs/201908/t20190819_ 933180. html，最后访问时间为 2019 年 10 月 25 日。

规划和自然资源违法案件行政处罚信息摘要

案件名称	未经审核擅自登载不符合国家规定的地图	处罚决定书文号	第2120190022号
违法自然人姓名/法人名称/其他组织名称	上海剧酷文化传播有限公司	法定代表人姓名/其他组织负责人姓名	刘智
统一社会信用代码	代码91310117771456882	违法行为发生时间	
违法行为发生地点			
处罚事由	上海剧酷文化传播有限公司未经测绘地理信息主管部门审核，在出品的"亲爱的，热爱的"剧集中擅自登载不符合国家规定地图的行为，违反了《中华人民共和国测绘法》第三十八条第一款以及《地图管理条例》第十五条第二款、第二十四条第一款的规定。		
处罚依据	《中华人民共和国测绘法》第六十二条以及《地图管理条例》第四十九条		
处罚结果	1、责令改正登载不符合国家规定地图的行为；2、处罚款人民币拾万圆整		
执法单位	上海市规划和自然资源局	处罚日期	2019.8.12
备注			

图11　《亲爱的，热爱的》出品方被行政处罚（2019年10月25日截图）

2. 事件分析

　　其实，类似问题并不仅仅出现在国内企业，国外企业在使用中国地图时也常常错误百出。2018年5月14日，有网友爆料，美国服饰零售商盖璞（GAP）曾在海外推出一款印有中国地图的T恤产品，而该T恤上的中国地图竟然没有藏南、阿克赛钦、台湾、南海等地区，渤海形状也被改变。当我国公民对此表示质疑时，该公司官方网站发布了一则毫无诚意的道歉声明："我们获知在个别海外市场发售的一款盖璞T恤上的中国地图设计有误……该款产品已从中国市场撤回并全部销毁。"声称"在个别海外市场发售",同时却又只说明"已经从中国市场撤回并全部销毁",那在中国以外的其他市场的这款 T 恤产品的情况呢? 同时,有媒体发现,该企业发售的其他国家/城市的同款 T 恤上都只印了该国家或该城市所在国的国旗,只有中国款式被"特殊"对待,印上了"问题地图"。① 2017年 3 月 15 日,德国汽车品牌奥迪在德国大众总部沃尔夫斯堡举办全球新闻年会介绍其中国业务时,PPT 中所使用的中国地图出现了严重的错误,中国地图上缺少了台湾、藏南、阿克赛钦与南海等区域板块,引起舆论界的广泛关注。② 2018 年 2 月 25 日,日本京瓷集团被爆出,其中文官网在显示"京瓷各地分支机构"使用的中国地图中,缺少了西藏、新疆、台湾、海南、内蒙古、广西、宁夏等省、自治区的全部或部分区域,且在"全球网点"的亚洲部分中,将台湾与中国大陆、韩国、越南等并列。③

---

① 参见《国际巨头再次激怒中国网友,为何国际大牌总拿地图碰瓷》,AI 财经社百家号,http://baijiahao.baidu.com/s? id = 16009598877220222333&wfr = spider&for = pc,最后访问时间为 2019 年 10 月 12 日。

② 参见《奥迪,请记住这张图,中国一点都不能少!》,搜狐网,http://www.sohu.com/a/129180862_481649,最后访问时间为 2019 年 10 月 12 日。

③ 参见《日本京瓷集团就官网未使用完整中国地图致歉》,搜狐网,http://www.sohu.com/a/224024447_120802,最后访问时间为 2019 年 10 月 12 日。

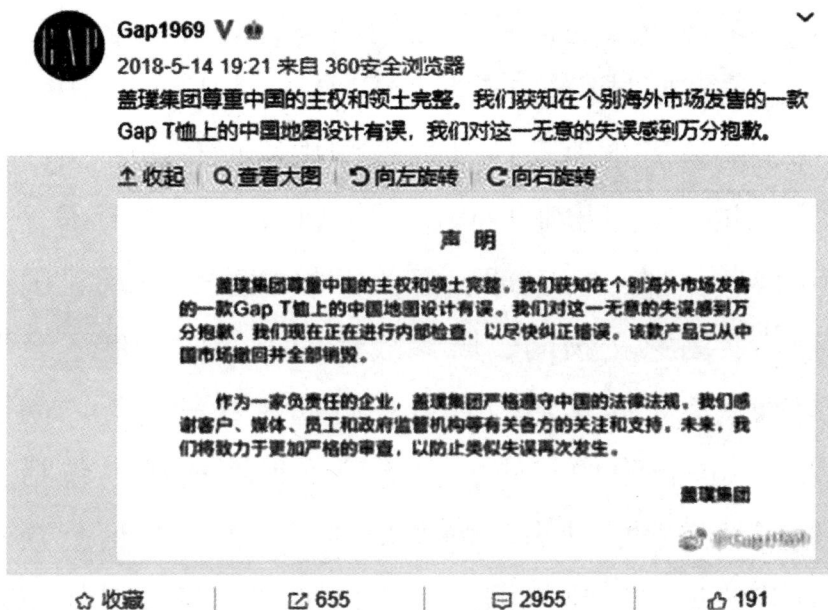

图 12　盖璞就"问题地图"事件发布声明（2019 年 10 月 25 日截图）

　　为进一步规范网络空间的地图使用，相关部门专门开展了互联网地图监督工作，主要对互联网地图服务、互联网网站中登载的静态地图图片、网上涉密地理信息交易活动等三类对象进行监控，主要监控互联网地图是否送审；互联网地图审图号是否正确；互联网地图中的界线、POI 信息等内容是否符合地图管理有关规定；互联网网站中登载的静态地图图片是否符合地图管理有关规定；网站、论坛中是否存在涉密地理信息交易信息；等等。① 近几年，国家相关部门还查

---

　　① 《互联网地图监督工作介绍》，自然资源部地图技术审查中心官网，https：//www.zrzyst.cn/hlwdtjd/448.jhtml，最后访问时间为 2019 年 10 月 13 日。

处了一系列违法违规使用地图的案件，在国家测绘地理信息局官网进行公布。① 2017 年 8 月 21 日，国土资源部、国家测绘地理信息局会同中央网信办、国办信息公开办、新闻出版广电总局、外交部、教育部、工业和信息化部、公安部、海关总署、工商总局、国家保密局、国家文物局、联参战保局等部门开展了全覆盖排查整治"问题地图"专项行动，对三大类"问题地图"② 进行集中检查，主要检查地图的种类包括互联网网站登载的动态和静态地图，微博、微信公众号中登载的地图，政府网站登载的地图，新闻媒体使用

---

① 参见《国家测绘地理信息局通报 8 起"问题地图"典型案件》，新华网，http：//www. xinhuanet. com//2018 - 01/29/c_ 1122336938. htm，最后访问时间为 2019 年 9 月 30 日。

② 三大类"问题地图"：一是存在危害国家统一、主权和领土完整等严重问题的地图。台湾省在地图上的表示违背"一个中国"原则；错绘、漏绘我国台湾岛、海南岛、钓鱼岛、赤尾屿、南海诸岛等重要岛屿；错绘国界线将我国领土表示到国外；南海断续线的表示不符合国家有关规定；错将我国重要岛屿按其他国家主张名称进行标注等。二是存在危害国家安全和利益等严重问题的地图。在地图上表示军事禁区、军事设施、国家安全要害部门、未经公开的港口和机场等不能对外公开的涉密内容；公开登载、非法交易涉密地图。三是其他不符合地图管理有关规定的地图和行为。地名在地图上的表示不符合国家有关规定；其他国家和地区表示不符合我国政治外交主张和有关规定；无资质从事地图编制或互联网地图服务；未依法履行地图审核程序公开登载；弄虚作假、伪造申请材料骗取地图审核批准文件，或者伪造、冒用地图审核批准文件和审图号；未在地图适当位置显著标注审图号。参见《全覆盖排查整治"问题地图"专项行动启动电视电话会议召开》，中国政府网，http：//www. gov. cn/xinwen/2017 - 08/30/content_ 5221467. htm，最后访问时间为 2019 年 10 月 13 日。

的地图，展览（展会）、博物馆等展示的地图，公开出版和销售的地图（包括在电子商务平台、书店、图书音像市场等中销售的地图），进出口地图（含对外加工地图），其他地图（地球仪、工艺性地图产品等）。

据新华社消息，2019 年上半年，自然资源部与民政部等五部门联合印发《关于进一步清理整治不规范地名的通知》，不断完善地图管理政策，在地图监管上持续发力。目前，自然资源部完成了对 29 家世界 500 强企业官方网站"问题地图"的核查整改工作。

表5　　　　　　　　有关部门查处的部分"问题地图"案例

年份	公司名称	存在的问题	处罚情况
2017 年	上海华与华营销咨询有限公司	上海华与华营销咨询有限公司为某公司在动车组列车展牌媒体及航机杂志上设计广告中使用的中国地图存在未将国界线完整、准确地标识，漏绘南海诸岛、钓鱼岛、赤尾屿等问题，严重损害了国家主权和利益。且当事人在后续相关广告设计中，在已知其广告地图绘制错误的情况下，仍坚持发布了该广告，客观上持续了违法行为，放任了危害后果的继续发生，违反了《中华人民共和国广告法》第九条规定。	2017 年 11 月，上海市静安区市场监管局根据《中华人民共和国广告法》第五十七条，对上海华与华营销咨询有限公司作出行政处罚，没收广告费用 8.8 万元，罚款 100 万元。

续表

年份	公司名称	存在的问题	处罚情况
2017 年	东莞市龙昌数码科技有限公司	东莞市龙昌数码科技有限公司研发的中英文语音地球仪未依法送地图审核，同时存在"曾母暗沙"标注错误、配套说明册中登载的地图错绘国界线等严重问题，违反了《地图管理条例》第十五条和第二十四条规定。	2017 年 10 月，东莞市国土资源局依据《地图管理条例》第四十九条规定，对龙昌公司作出"没收并销毁库存以及公司召回的涉案地球仪、依法没收违法所得21.62 万元，并处 10万元罚款"的行政处罚。
2017 年	无印良品	无印良品商店赠阅的《2017年秋冬家具目录册》中插附的地图无审图号，存在错绘国界线，漏绘钓鱼岛、赤尾屿和南海诸岛等重要岛屿，海南岛与大陆不同色，台湾岛注记错误等严重错误，违反了《地图管理条例》第十五条规定。	重庆市规划局（测绘地理信息局）依据《地图管理条例》第四十九条规定，责令其封存并销毁，采取切实可行的措施杜绝此类事件发生，要求引以为戒，全面加强国家版图意识宣传教育。
2014 年	上海瑞酷投资管理有限公司	经查，上海瑞酷投资管理有限公司印发的"全国甜蜜版图"宣传品中的中国地图未经测绘地理信息行政主管部门审核，且存在漏绘我国南海诸岛、钓鱼岛和赤尾屿等问题。该公司的行为违反了《地图审核管理规定》第八条关于地图审核的有关规定。	上海市测绘管理办公室要求其立即停止发放涉案地图宣传品。该公司立即停止发放，并主动销毁了尚存的 30 万份宣传品。2014 年 6 月，上海市测绘管理办公室依据《地图审核管理规定》第二十五条的规定，对该公司作出责令停止使用未经审核批准的地图，并给予警告的行政处罚。

年份	公司名称	存在的问题	处罚情况
2014 年	广西南宁奇佳文化传播有限公司	广西南宁奇佳文化传播有限公司在未取得测绘资质、未经测绘地理信息行政主管部门审查批准的情况下，从 2014 年 1 月开始，擅自编制、印刷《2014 广西南宁装修地图》1000 多份，于 2014 年 5 月 1 日至 3 日期间，在南宁房地产博览会上免费发放 900 多份。该公司的行为违反了《中华人民共和国地图编制出版管理条例》第五条和《广西壮族自治区测绘管理条例》第三十条的有关规定。	2014 年 10 月，南宁市国土资源局依据《中华人民共和国地图编制出版管理条例》第二十四条和《广西壮族自治区测绘管理条例》第四十九条的有关规定，对该公司作出责令停止违法行为，并处相应数额罚款的行政处罚。
2014 年	邵武市紫宏进出口贸易有限公司	2014 年 8 月，邵武市紫宏进出口贸易有限公司为德国莱比锡客户代理加工出口的 440 幅喷绘世界地图，印刷前未按照规定将试制样图报测绘地理信息行政主管部门审核。地图中存在漏绘钓鱼岛、赤尾屿，阿克赛钦地区表示错误，台湾省按国家表示等严重问题，违反了《中华人民共和国地图编制出版管理条例》第六条、第十七条和《地图审核管理规定》第八条的有关规定。	2014 年 10 月，福建省测绘地理信息局依据《中华人民共和国地图编制出版管理条例》第二十五条和《地图审核管理规定》第二十五条的规定，对该公司作出警告，没收 440 幅地图，并处相应数额罚款的行政处罚。

续表

年份	公司名称	存在的问题	处罚情况
2014 年	永春县泉永杰贸易有限公司	2013 年 9 月，永春县泉永杰贸易有限公司为加拿大客户代理加工出口 2000 册《INDIAN SUBCONTINENT》、2000 册《CARIBBEAN ISLANDS》、2020 张《ANTIGUA&DOMINICA》，印刷前未按照规定将试制样图报测绘地理信息行政主管部门审核。图集《INDIAN SUBCONTINENT》中印边界表示错误，违反了《中华人民共和国地图编制出版管理条例》第六条、第十七条和《地图审核管理规定》第八条的有关规定。	2013 年 12 月，福建省测绘地理信息局依据《中华人民共和国地图编制出版管理条例》第二十五条和《地图审核管理规定》第二十五条的规定，对该公司作出警告，责令停止上述地图（图集）在中华人民共和国境内发行、销售、展示，没收 2000 册《INDIAN SUB-CONTINENT》，并处相应数额罚款的行政处罚。
2014 年	嘉兴科创信息科技有限公司	嘉兴科创信息科技有限公司在未取得测绘资质的情况下，通过调用百度地图发布的"地图名片"工具进行信息输入标注，利用链接网址方式将相关内容在其网站中的"商家地图"栏中显示标注企业信息，属互联网地图标注服务。该公司还利用百度地图下载图片拼接，形成嘉兴洪合镇区域电子地图，并在地图上标注企业信息，属地图编制活动。该公司的行为违反了《中华人民共和国测绘法》第二十二条关于测绘资质的有关规定。	2014 年 12 月，嘉兴市城乡规划建设管理委员会依据《中华人民共和国测绘法》第四十二条的规定，对该公司作出责令停止违法行为，没收测绘成果的行政处罚。

注：案例来源于自然资源部地图技术审查中心官方网站。

从被查处的典型案件可以看出，"问题地图"主要存在两个方面问题：一是未经审核。根据《地图管理条例》，我国实行地图审核制度，向社会公开的地图，应当报送有审核权的测绘地理信息行政主管部门审核。媒体在报、刊、网等媒介刊发的地图以及影视剧、电视节目中出现的地图，都属于"向社会公开的地图"范畴。一些媒体在刊发报道时缺乏版图意识，往往不能从正规渠道获取地图，且未经地图审核就擅自刊发，造成不良影响。二是错误标识。"问题地图"的常见错误有漏绘钓鱼岛、赤尾屿、南海诸岛等重要岛屿，错误标识台湾省，错绘藏南地区和阿克赛钦地区国界线等。[①]

目前我国自然资源部地图技术审查中心提供了3种获取正规地图的途径：[②]（1）自然资源部网站发布了标准地图服务（http：//bzdt. ch. mnr. gov. cn/），[③]可下载中国和世界地图等；省级自然资源行政主管部门网站可下载正确的省级行政区域地图，供各单位和

---

① 《敲警钟！"问题地图"屡现，原因何在?》，搜狐网，http：//www. sohu. com/a/332466922_ 613537，最后访问时间为2019年9月30日。

② 《快速识别"问题地图"》，自然资源部地图技术审查中心官网，https：//www. zrzyst. cn/zxdt/729. jhtml，最后访问时间为2019年10月12日。

③ 此链接可正常访问，但是地图技术审查中心官方网站设置的标准地图服务（http：//bzdt. nasg. gov. cn/）版块链接无法正常访问。

个人免费下载使用。（2）使用审核批准并印有审图号的正规地图产品。凡是经过审核的公开出版的地图，都在版权页或者适当位置标示有审图号，可以据此判断并使用合格的地图产品。（3）需定制地图时，在自然资源部网站上查询取得相应测绘资质的地图编制单位，向具备编图资质的测绘单位定制地图。

同时我国自然资源部地图技术审查中心还公布了地图审核的程序：申请与受理、内容审查、批准、样本送交 4 部分。具体内容为：（1）地图审核申请人根据《地图审核管理规定》的规定权限，按照行政许可法有关要求，向相应的测绘地理信息部门提出地图审核申请，提交有关材料。（2）地图审核申请受理部门按照行政许可法的要求，对地图审核申请人提交的材料进行审查，符合规定的予以受理。受理部门受理地图申请后，将相关材料转地图内容审查工作机构进行审查。（3）地图内容审查机构在规定的时间内完成审查工作后，将审查结果提交地图行政主管部门，主管部门作出决定。[①]

---

① 《地图审核制度介绍》，自然资源部地图技术审查中心官网，https：//www.zrzyst.cn/dtshsqzn/372.jhtml，最后访问时间为 2019 年 10 月 12 日。

三　世界 500 强企业遵守"一个中国"原则情况（2018 年）

世界 500 强企业系由美国《财富》杂志评出，并在全球发布的榜单。从 1954 年第一次发布，迄今已经有 65 年的历史。国际经济的发展是动态的，跨国企业世界 500 强的名单也是动态的。课题组 2018 年追踪调查的对象，是 2017 年 7 月 20 日发布的《2017 年财富世界 500 强排行榜》中的跨国企业；[①] 2019 年追踪调查的对象，是 2018 年 7 月 19 日发布的《2018 年财富世界 500 强排行榜》[②] 中的跨国企业。这两个排行榜中的跨国企业与 2019 年 7 月 22 日最新发布的

[①]　参见《2017 年财富世界 500 强排行榜》，财富中文网，http://www. fortunechina. com/fortune500/c/2017 – 07/20/content_ 286785. htm，最后访问时间为 2019 年 10 月 16 日。

[②]　参见《2018 年财富世界 500 强排行榜》，财富中文网，http://www. fortunechina. com/fortune500/c/2018 – 07/19/content_ 311046. htm，最后访问时间为 2019 年 7 月 25 日。这个排行榜中的企业名单与 2019 年 7 月 22 日最新发布的《2019 年财富世界 500 强排行榜》有一定差异。

《2019 年财富世界 500 强排行榜》[①] 中的企业有一定差异。至于新入榜世界 500 强企业官方网站对中国港澳台地区的标识，我们以后将继续关注并发布相关情况。

课题组通过观察入围《2017 年财富世界 500 强排行榜》的跨国企业发现，入榜的中国企业以外的企业有 385 家，分布在美国、日本、德国等 32 个国家，其中有 83 家企业母语官方网站涉及区域分布问题，这类问题通常出现在官方网站选择、地理位置选择或企业分布等版块。[②]

（一）观察对象及判定标准

本次课题组观察的对象为：2017 年《财富》杂志评选出的世界 500 强企业中的非中国企业（以下简称"世界 500 强外企"），主要观察这些企业母语官方网站是否存在错误或不当标识中国港澳台地区的问题。对网页进行观察的范围是网站首页及地区分

---

① 参见《2019 年财富世界 500 强排行榜》，财富中文网，http://www.fortunechina.com/fortune500/c/2019－07/22/content_339535.htm，最后访问时间为 2019 年 7 月 25 日。

② 必须强调的是，由于中国政府坚定维护主权领土完整的立场，以及有些国外 500 强企业对涉及"一个中国"原则的问题态度与关注度可能发生变化，这个数据可能会不断变化。本书对 2017 年《财富》世界 500 强企业相关统计数据的截止日期是 2018 年 5 月 12 日。

布页。

在上述范围，有"把我国港澳台地区与其他国家并列，而未标注出港澳台隶属中国，也未将港澳台标注为地区"的情形的，判定为错误或不当标识我国港澳台地区，在统计中标记为"独列"。

在上述范围内，有以下情形的，判定为遵守"一个中国"原则，规范标识我国港澳台地区，在统计中标记为"隶属"：（1）列出港澳台属于中国的；（2）称呼港澳台为地区的。

未在母语官方网站中涉及标识我国港澳台地区的，在统计中标记为"未涉及"。

（二）整体概况

通过观察 83 家涉及港澳台地区标识的世界 500 强外企官网，可以发现，有 76 家企业的官方网站涉及台湾标识，其中，将台湾标识为隶属于中国的有 10 家，错误标识台湾的有 66 家；有 70 家企业的官方网站涉及香港标识，其中，将香港标识为隶属中国的有 17 家，错误标识香港的有 53 家；有 6 家企业的官方网站涉及澳门标识，而且有 5 家企业的官方网站中都同时涉及港台地区标识，其中，将澳门标识为隶属中国的仅有 1 家，错误标识澳门的有 5 家。值得注意的是，在明确标识港澳台隶属中国的企业中，金融、汽车类企业占多数。

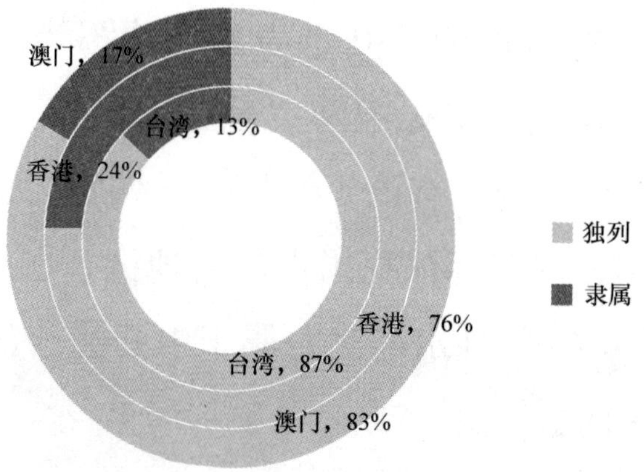

图 13　83 家世界 500 强外企官方网站涉及标识港澳台

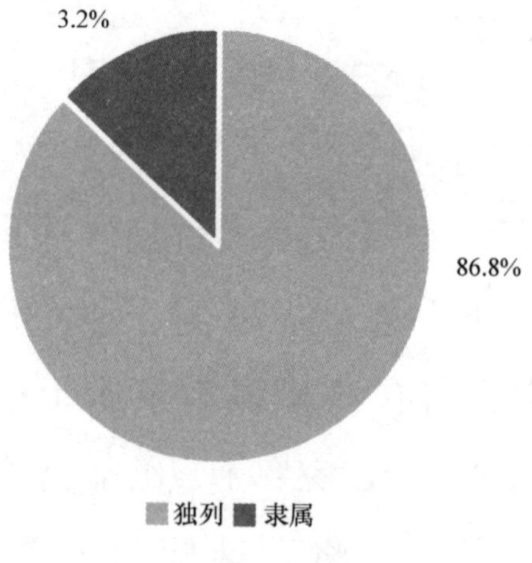

图 14　76 家世界 500 强外企官方网站涉及标识台湾

有 5 家企业同时涉及港澳台三地标识，其中，仅有福特公司 1 家将港澳台三地均标识为隶属中国，其余 4 家企业所涉港澳台三地均存在错误标识情况。

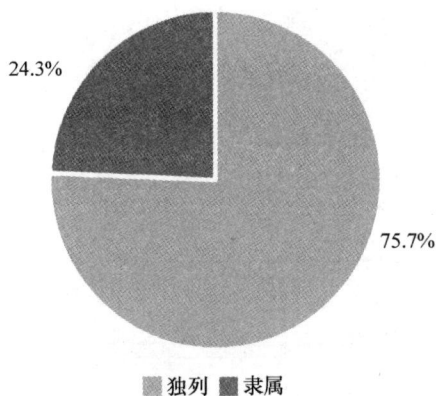

24.3%

75.7%

■独列 ■隶属

图 15　70 家世界 500 强外企官方网站涉及标识香港

表 6　　　　　　　　　错误标识港澳台三地的世界 500 强外企

公司名称	所属国	对港澳台地区的标识			行业
		台湾	香港	澳门	
苹果公司	美国	独列	独列	独列	互联网
亚马逊	美国	独列	独列	独列	互联网
西门子	德国	独列	独列	独列	其他
宏利金融	加拿大	独列	独列	独列	金融业

　　有 58 家企业同时涉及港台两地标识,但不涉及澳门地区标识。其中,有 7 家企业将港台均标识为隶属中国。将香港标识为隶属于中国,但错误标识台湾的有 9 家企业——圣戈班集团、Alimentation Couche-Tard 公司、瑞士 ABB 集团、耐克公司、斯巴鲁公司、3M 公司、Facebook 公司、曼福集团、Inditex 公司。将台湾标识为隶属中国,而错误标识香港的有 1 家公

司——联合信贷集团。除此之外的 41 家公司均存在同时错误标识港台两地的问题。

表 7　　　　　　　　香港 * 台湾 交叉列表

		台湾		总计
		独列	隶属	
香港	独列	41	1	42
	隶属	9	7	16
总计		50	8	58

表 8　　　　　将港台标识为隶属中国的世界 500 强外企

公司名称	所属国	对港澳台地区的标识			行业
		台湾	香港	澳门	
戴姆勒股份公司	德国	隶属	隶属	未涉及	汽车
安盛	法国	隶属	隶属	未涉及	金融业
本田汽车	日本	隶属	隶属	未涉及	汽车
摩根大通公司	美国	隶属	隶属	未涉及	金融业
雷普索尔公司	西班牙	隶属	隶属	未涉及	其他
费森尤斯集团	德国	隶属	隶属	未涉及	其他
三星人寿保险	韩国	隶属	隶属	未涉及	金融业

表 9　　　　　同时错误标识港台的世界 500 强外企

公司名称	所属国	对港澳台地区的标识			行业
		台湾	香港	澳门	
丰田汽车公司	日本	独列	独列	未涉及	汽车
埃克森美孚	美国	独列	独列	未涉及	其他
法国巴黎银行	法国	独列	独列	未涉及	金融业

续表

公司名称	所属国	对港澳台地区的标识			行业
		台湾	香港	澳门	
英国保诚集团	英国	独列	独列	未涉及	金融业
雀巢公司	瑞士	独列	独列	未涉及	快消
日立	日本	独列	独列	未涉及	其他
宝洁公司	美国	独列	独列	未涉及	快消
索尼	日本	独列	独列	未涉及	其他
松下	日本	独列	独列	未涉及	其他
巴斯夫公司	德国	独列	独列	未涉及	其他
联合包裹速递服务公司	美国	独列	独列	未涉及	其他
联邦快递	美国	独列	独列	未涉及	其他
惠普公司	美国	独列	独列	未涉及	互联网
LG 电子	韩国	独列	独列	未涉及	互联网
起亚汽车	韩国	独列	独列	未涉及	汽车
迪奥	法国	独列	独列	未涉及	快消
富士通	日本	独列	独列	未涉及	其他
三井物产株式会社	日本	独列	独列	未涉及	其他
默沙东	美国	独列	独列	未涉及	其他
三菱电机股份有限公司	日本	独列	独列	未涉及	其他
摩根士丹利	美国	独列	独列	未涉及	金融业
英国葛兰素史克公司	英国	独列	独列	未涉及	其他
甲骨文公司	美国	独列	独列	未涉及	互联网
住友商事	日本	独列	独列	未涉及	金融业
巴克莱	英国	独列	独列	未涉及	金融业
瑞银集团	瑞士	独列	独列	未涉及	金融业
Talanx 公司	德国	独列	独列	未涉及	金融业
埃森哲	爱尔兰	独列	独列	未涉及	其他
铃木汽车	日本	独列	独列	未涉及	汽车
麦当劳	美国	独列	独列	未涉及	快消

续表

公司名称	所属国	对港澳台地区的标识			行业
		台湾	香港	澳门	
日本电气公司	日本	独列	独列	未涉及	其他
杜邦公司	美国	独列	独列	未涉及	其他
SAP 公司	德国	独列	独列	未涉及	互联网
雷神公司	美国	独列	独列	未涉及	其他
Tesoro 公司	美国	独列	独列	未涉及	其他
前进保险公司	美国	独列	独列	未涉及	金融业
喜力控股公司	荷兰	独列	独列	未涉及	快消
阿斯利康	英国	独列	独列	未涉及	其他
安进	美国	独列	独列	未涉及	其他
Altice 公司	荷兰	独列	独列	未涉及	互联网
HM 公司	瑞典	独列	独列	未涉及	快消

表 10　　　　　错误标识港／台的世界 500 强外企

公司名称	所属国	对港台地区的标识		行业
		台湾	香港	
联合信贷集团	意大利	隶属	独列	金融业
圣戈班集团	法国	独列	隶属	其他
Alimentation Couche-Tard 公司	加拿大	独列	隶属	其他
瑞士 ABB 集团	瑞士	独列	隶属	其他
耐克公司	美国	独列	隶属	快消
斯巴鲁公司	日本	独列	隶属	汽车
3M 公司	美国	独列	隶属	快消
Facebook 公司	美国	独列	隶属	互联网
曼福集团	西班牙	独列	隶属	其他
Inditex 公司	西班牙	独列	隶属	快消

有 1 家公司同时涉及港澳两地标识，但不涉及台湾地区标识，该公司存在同时错误标识港澳的问题——荷兰皇家壳牌石油公司。

（三）涉及港澳台地区标识的世界 500 强外企所属国别分析

从国家分布来看，错误标识台湾的世界 500 强外企中有 23 家美国企业、13 家日本企业、4 家瑞士企业、6 家英国企业、4 家德国企业、4 家法国企业、2 家韩国企业、2 家荷兰企业、2 家加拿大企业、2 家西班牙企业、1 家瑞典企业、1 家沙特阿拉伯企业、1 家爱尔兰企业和 1 家丹麦企业。错误标识香港的世界 500 强外企中有 18 家美国企业、10 家日本企业、5 家德国企业、5 家荷兰企业、4 家英国企业、3 家法国企业、2 家韩国企业、2 家瑞士企业、1 家加拿大企业、1 家瑞典企业、1 家爱尔兰企业和 1 家意大利企业。

可以明显看出，美国、日本企业情况尤为严重，存在错误标识台湾的企业分别占涉及港澳台地区标识的美日两国世界 500 强企业总数的 85.2% 和 92.9%，存在错误标识香港地区的企业也都超过了涉及港澳台地区标识的两国世界 500 强企业总数的 60%。

　　具体而言，涉及港澳台地区标识的 27 家美籍世界 500 强企业中，错误标识台湾的有 23 家，错误标识香港的有 18 家，错误标识澳门的有 2 家。其中，将港台两地同时错误标识的企业有 16 家，将港澳台三地都错误标识的企业有 2 家——苹果、亚马逊，还有 3 家企业把香港列为隶属中国，但错误标识台湾。福特汽车公司是唯一一家将港澳台三地均标识为隶属中国的美国公司，也是此次观察中唯一一家规范标识我国港澳台地区的企业。

　　涉及港澳台地区标识的 14 家日本籍世界 500 强企业中，错误标识台湾的有 13 家，错误标识香港的有 10 家，这 14 家企业均未涉及对澳门地区的标识。其中，将港台两地同时错误标识的企业有 10 家。斯巴鲁公司将台湾单独列出，但是把香港列为隶属中国。只有本田公司 1 家把香港和台湾都列为隶属于中国。

　　有 63 家企业的官方网站同时涉及台湾和香港地区标识（含同时涉及港澳台三地的情形），占世界 500 强企业总数的比例为 12.6%，在这 63 家企业中美国籍企业占 33.33%，日本籍企业占 19.05%。

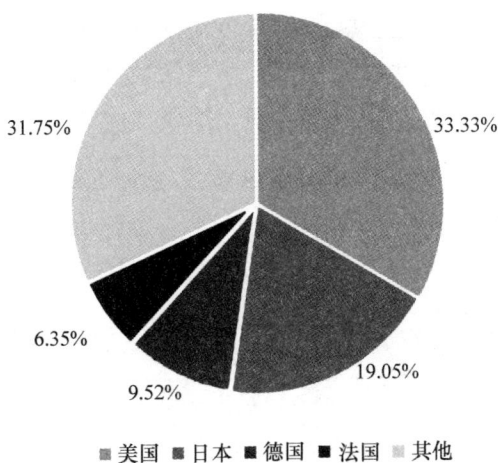

图16　63家涉及台湾和香港地区标识的世界500强外企的国别分布

　　课题组尝试对是否错误标识港台地区的世界500强外企的国别情况进行相关性检验后发现，国家类别与企业是否错误标识港台地区存在显著相关性。整体而言，美国和日本企业更倾向于把港台地区单独列出来。

　　世界500强企业中有132家美国企业，在企业的官网涉及到中国港澳台地区标识的27家美国企业中，有23家企业把台湾单独列出，23家中又有16家同时还把香港单独列出，还有2家企业同时把澳门单独列出。

　　世界500强企业中有51家日本企业，在企业的官网涉及到中国港澳台地区标识的14家日本企业中，其中，有13家企业把台湾单独列出，13家中又有10家同时还把香港单独列出。

表 11 涉及中国港澳台地区标识的世界 500 强外企国别情况 （单位：次、%）

		次数	百分比	有效的百分比	累计百分比
有效	美国	27	32.5	32.5	32.5
	日本	14	16.9	16.9	49.4
	德国	8	9.6	9.6	59.0
	法国	6	7.2	7.2	66.3
	荷兰	5	6.0	6.0	72.3
	瑞士	4	4.8	4.8	77.1
	英国	6	7.2	7.2	84.3
	韩国	3	3.6	3.6	88.0
	加拿大	2	2.4	2.4	90.4
	西班牙	3	3.6	3.6	94.0
	瑞典	1	1.2	1.2	95.2
	沙特阿拉伯	1	1.2	1.2	96.4
	丹麦	1	1.2	1.2	97.6
	意大利	1	1.2	1.2	98.8
	爱尔兰	1	1.2	1.2	100.0
	总计	83	100.0	100.0	

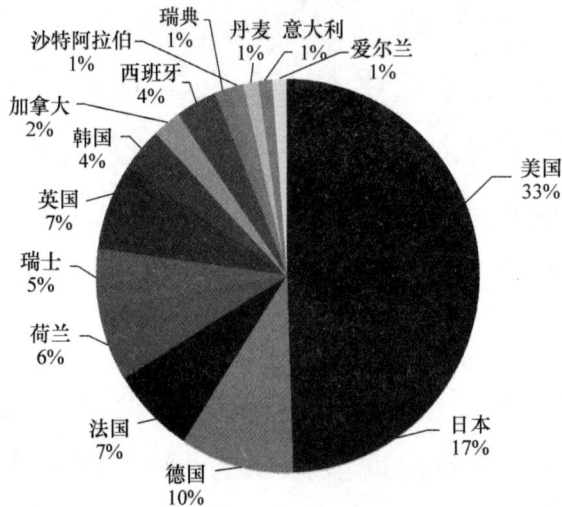

图 17 错误标识港澳台地区世界 500 强外企的国别情况 （百分比经四舍五入）

（四）涉及港澳台地区标识的世界 500 强外企所属行业分析

从行业分布来看，互联网行业的世界 500 强外企中，所有企业都错误标识了台湾地区，78% 的企业错误标识了香港地区。汽车行业和金融行业的世界 500 强外企中，把台湾和香港标识为隶属中国的比例相对较高，整体来看，情况也不容乐观。

表12　不同行业世界 500 强外企对我国港台地区错误或不当标识的比例

（单位：%）

行业分布	台湾	香港
互联网	100	78
金融	61	72
汽车	57	43
快消	83	67
其他	86	59

四　世界 500 强企业遵守"一个中国"原则情况（2019 年）

近年来，尽管中国民航局、自然资源部以及国家网信办等部门加大了对相关企业违反"一个中国"原则行为的执法力度，课题组于 2018 年发布相关报告之后，西门子等中国境外企业也表示要进行整改，但整体成效究竟如何，仍然需要继续观察。

（一）观察对象及判定标准

本次课题组观察的对象为 2018 年《财富》评选出的世界 500 强企业，主要观察这些公司的英文官方网站和中文官方网站中所有网页的内容，包括网站使用的标识、刊载的新闻报道、内嵌的地图和发布的报告等。①

————————

① 本书观察范围以列出的网站内容为主，客观条件所限，无法保证查阅范围穷尽网站所有内容。

观察范围较上一年度更为宽泛。

在上述范围内，有以下情形的，判定为错误或不当标识我国港澳台地区，在统计中标记为"独列"：（1）把我国港澳台地区与其他国家并列，而未标注出港澳台隶属中国，也未将港澳台标注为地区的；（2）在使用的地图中，用适用首都的符号来标识我国香港、澳门和台北的；（3）其他错误使用我国地图的。

在上述网页范围内，有以下情形的，判定为遵守"一个中国"原则，规范标识我国港澳台地区，在统计中标记为"隶属"：（1）列出港澳台属于中国的，如"中国香港""中国澳门""中国台湾"；（2）称呼港澳台为地区的。

（二）整体概况

基于 2018 年财富世界 500 强企业名单，课题组于 2019 年 5 月进行了调研，并在 10 月进行了复核。通过逐一进行网页查看发现，在 2018 年世界 500 强企业中，有 184 家企业的网站涉及国家地区标识。其中，包括中国企业在内，有 137 家企业的网站存在错误或不当标识中国港澳台地区的情形。

1. 涉及港澳台地区标识的世界 500 强中国企业概况

184 家涉及我国港澳台地区标识的世界 500 强企业

中，有 21 家中国企业。令人难以想象的是，其中居然有 8 家企业的官方网站上存在错误或不当标识我国港澳台地区的问题，这 8 家企业为中国机械工业集团有限公司（北京）①、友邦保险集团（香港）、美的集团股份有限公司（广东佛山）、广达电脑公司（桃园）、台积电（新竹）、长江和记实业有限公司（香港）、纬创集团（台北）以及富邦金融控股股份有限公司（台北）。

在 21 家涉及我国港澳台地区标识的世界 500 强中国企业中，有 15 家企业的官方网站涉及台湾标识，其中，将台湾标识为隶属于中国的有 9 家，错误标识台湾地区的有 6 家，标识错误率②为 40%；有 20 家企业的官方网站涉及香港标识，其中，将香港标识为隶属中国的有 15 家，错误标识香港地区的有 5 家，标识错误率为 25%；有 13 家企业的官方网站涉及澳门标识，其中，将澳门标识为隶属中国的有 10 家，错误标识澳门的有 3 家，标识错误率为 23.1%。

在 21 家涉及我国港澳台地区标识的世界 500 强中国企业中，有 10 家企业同时涉及港澳台三地标识。其中，中国石油化工集团、中国银行、中国华润有限公司、中国中化集团公司、中国邮政集团公司、天津物

---

① 括号内为公司总部所在城市。
② 标识错误率 = 存在错误标识情形的企业总数/涉及标识该地区的企业总数×100%，下同。

产集团有限公司、京东集团等 7 家企业均将港澳台三
地规范标识为隶属中国；友邦保险集团、长江和记实
业有限公司等 2 家企业存在同时错误标识港澳台三地
的问题；台积电将香港、澳门标识为隶属中国，但却
错误标识了台湾地区。

表 13　同时涉及且规范标识港澳台三地的世界 500 强中国企业（7 家）

世界排名	公司名称	行业	对港澳台地区的标识		
			台湾	香港	澳门
3	中国石油化工集团	能源化工	隶属	隶属	隶属
46	中国银行	金融	隶属	隶属	隶属
86	中国华润有限公司	综合	隶属	隶属	隶属
98	中国中化集团公司	能源化工	隶属	隶属	隶属
113	中国邮政集团公司	服务业	隶属	隶属	隶属
132	天津物产集团有限公司	综合	隶属	隶属	隶属
181	京东集团	ICT	隶属	隶属	隶属

表 14　同时涉及且错误标识港澳台三地的世界 500 强中国企业（2 家）

世界排名	公司名称	行业	对港澳台地区的标识		
			台湾	香港	澳门
295	友邦保险集团	金融	独列	独列	独列
374	长江和记实业有限公司	综合	独列	独列	独列

在 21 家涉及我国港澳台地区标识的世界 500 强中
国企业中，有 4 家企业同时涉及港台两地标识，但不
涉及澳门地区标识。其中，有 2 家企业将港台均标识
为隶属中国——联想集团、怡和集团；将香港标识为

隶属于中国，但错误标识台湾的有 1 家企业——纬创集团；剩下的 1 家企业同时错误标识了港台两地——富邦金融控股股份有限公司。

表 15　　同时涉及港台地区标识的世界 500 强中国企业（4 家）

世界排名	公司名称	行业	对港澳台地区的标识		
			台湾	香港	澳门
240	联想集团	ICT	隶属	隶属	未涉及
283	怡和集团	综合	隶属	隶属	未涉及
432	纬创集团	ICT	独列	隶属	未涉及
479	富邦金融控股股份有限公司	金融	独列	独列	未涉及

在 21 家涉及我国港澳台地区标识的世界 500 强中国企业中，有 3 家企业同时涉及港澳两地标识，但不涉及台湾地区标识。其中，中国铁道建筑总公司和中国交通建设集团有限公司这 2 家企业将港澳均标识为隶属中国；另外 1 家企业同时错误标识了港澳两地——中国机械工业集团有限公司。

表 16　　同时涉及港澳地区标识的世界 500 强中国企业（3 家）

世界排名	公司名称	行业	对港澳台地区的标识		
			台湾	香港	澳门
58	中国铁道建筑总公司	建筑	未涉及	隶属	隶属
91	中国交通建设集团有限公司	建筑	未涉及	隶属	隶属
256	中国机械工业集团有限公司	制造业	未涉及	独列	独列

在 21 家涉及我国港澳台地区标识的世界 500 强中国企业中，有 1 家企业仅涉及台湾地区标识，但该公司错误标识了台湾地区——广达电脑公司；有 3 家企业仅涉及香港地区标识，其中，国家电网和华为投资控股有限公司这 2 家企业将香港标识为隶属中国，另外 1 家企业错误标识了香港地区——美的集团股份有限公司。

2. 涉及港澳台地区标识的世界 500 强外国企业概况

在 163 家涉及我国港澳台地区标识的世界 500 强外企中，有 137 家企业的官方网站涉及台湾标识，其中，将台湾标识为隶属于中国的有 22 家，错误标识台湾地区的有 115 家，标识错误率将近 84%；有 127 家企业的官方网站涉及香港标识，其中，将香港标识为隶属中国的有 47 家，错误标识香港地区的有 80 家，标识错误率将近 63%；有 18 家企业的官方网站涉及澳门标识，其中，将澳门标识为隶属中国的有 7 家，错误标识澳门的有 11 家，标识错误率约为 61%。

在 163 家涉及我国港澳台地区标识的世界 500 强外企中，有 16 家企业同时涉及港澳台三地标识，其中，荷兰皇家壳牌石油公司、联邦快递、美国运通公司等 3 家企业将港澳台三地均规范标识为隶属中国，苹果公司、亚马逊、博世集团、花旗集团、联合包裹速递服务公司、西斯科公司、美国国际集团、MS&AD保险集团控股有限公司、宏利金融、Facebook 公司、英国葛兰素史克公司等 11 家企业存在同时错误标识港澳台三地的问题，现代汽车、欧莱雅等 2 家企业将香港、澳门标识为隶属中国，但却错误标识了台湾地区。

表 17　　同时涉及且规范标识港澳台三地的世界 500 强外企（3 家）

世界排名	公司名称	所属国	行业	对港澳台地区的标识		
				台湾	香港	澳门
5	荷兰皇家壳牌石油公司	荷兰	能源化工	隶属	隶属	隶属
155	联邦快递	美国	服务业	隶属	隶属	隶属
327	美国运通公司	美国	金融	隶属	隶属	隶属

表 18　　同时涉及且错误标识港澳台三地的世界 500 强外企（11 家）

世界排名	公司名称	所属国	行业	对港澳台地区的标识		
				台湾	香港	澳门
11	苹果公司	美国	ICT	独列	独列	独列
18	亚马逊	美国	ICT	独列	独列	独列
75	博世集团	德国	制造业	独列	独列	独列
76	花旗集团	美国	金融	独列	独列	独列
138	联合包裹速递服务公司	美国	服务业	独列	独列	独列
174	西斯科公司	美国	日用消费行业	独列	独列	独列
207	美国国际集团	美国	金融	独列	独列	独列

续表

世界排名	公司名称	所属国	行业	对港澳台地区的标识		
				台湾	香港	澳门
221	MS&AD 保险集团控股有限公司	日本	金融	独列	独列	独列
241	宏利金融	加拿大	金融	独列	独列	独列
274	Facebook 公司	美国	ICT	独列	独列	独列
290	英国葛兰素史克公司	英国	医药	独列	独列	独列

在 163 家涉及我国港澳台地区标识的世界 500 强外企中，有 85 家企业同时涉及港台两地标识，但不涉及澳门地区标识。其中，有 17 家企业将港台均标识为隶属中国；将香港标识为隶属于中国，但错误标识台湾的有 13 家企业——微软、国际商业机器公司、雷诺、荷兰国际集团、华特迪士尼公司、德意志银行、韩华集团、瑞银集团、瑞士信贷、3M 公司、荷兰皇家飞利浦公司、澳新银行集团、荷兰合作银行；除此之外的 55 家企业均存在同时错误标识港台两地的问题。

表19　　将港台地区标识为隶属中国的世界 500 强外企（17 家）

世界排名	公司名称	所属国	行业	对港澳台地区的标识		
				台湾	香港	澳门
16	戴姆勒股份公司	德国	制造业	隶属	隶属	未涉及
22	福特汽车公司	美国	制造业	隶属	隶属	未涉及
27	安盛	法国	金融	隶属	隶属	未涉及
30	本田汽车	日本	制造业	隶属	隶属	未涉及

续表

世界排名	公司名称	所属国	行业	对港澳台地区的标识		
				台湾	香港	澳门
66	西门子	德国	制造业	隶属	隶属	未涉及
69	雀巢公司	瑞士	日用消费行业	隶属	隶属	未涉及
93	戴尔科技公司	美国	ICT	隶属	隶属	未涉及
108	标致	法国	制造业	隶属	隶属	未涉及
114	松下	日本	制造业	隶属	隶属	未涉及
135	宝洁公司	美国	日用消费行业	隶属	隶属	未涉及
147	陶氏杜邦公司	美国	综合	隶属	隶属	未涉及
153	联合利华	英国	日用消费行业	隶属	隶属	未涉及
190	惠普公司	美国	ICT	隶属	隶属	未涉及
302	甲骨文公司	美国	ICT	隶属	隶属	未涉及
396	美敦力公司	爱尔兰	医药	隶属	隶属	未涉及
406	法国航空—荷兰皇家航空集团	法国	服务业	隶属	隶属	未涉及
433	雅培公司	美国	医药	隶属	隶属	未涉及

表 20　　　错误标识港台地区的世界 500 强外企（55 家）

世界排名	公司名称	所属国	行业	对港澳台地区的标识		
				台湾	香港	澳门
9	埃克森美孚	美国	能源化工	独列	独列	未涉及
12	三星电子	韩国	ICT	独列	独列	未涉及
38	安联保险集团	德国	金融	独列	独列	未涉及
44	法国巴黎银行	法国	金融	独列	独列	未涉及
47	摩根大通公司	美国	金融	独列	独列	未涉及

世界排名	公司名称	所属国	行业	对港澳台地区的标识		
				台湾	香港	澳门
50	英国保诚集团	英国	金融	独列	独列	未涉及
54	日产汽车	日本	制造业	独列	独列	未涉及
79	日立	日本	综合	独列	独列	未涉及
82	法国农业信贷银行	法国	金融	独列	独列	未涉及
94	法国电力公司	法国	能源化工	独列	独列	未涉及
104	Engie 集团	法国	能源化工	独列	独列	未涉及
112	巴斯夫公司	德国	能源化工	独列	独列	未涉及
121	法国兴业银行	法国	金融	独列	独列	未涉及
128	美国劳氏公司	美国	贸易零售	独列	独列	未涉及
142	苏黎世保险集团	瑞士	金融	独列	独列	未涉及
151	法国 BPCE 银行集团	法国	金融	独列	独列	未涉及
158	沃达丰集团	英国	ICT	独列	独列	未涉及
160	保德信金融集团	美国	金融	独列	独列	未涉及
177	三菱日联金融集团	日本	金融	独列	独列	未涉及
187	辉瑞制药有限公司	美国	医药	独列	独列	未涉及
193	拜耳集团	德国	医药	独列	独列	未涉及
203	诺华公司	瑞士	医药	独列	独列	未涉及
212	思科公司	美国	ICT	独列	独列	未涉及
226	万喜集团	法国	建筑	独列	独列	未涉及
236	日本 KDDI 电信公司	日本	ICT	独列	独列	未涉及
249	摩根士丹利	美国	金融	独列	独列	未涉及
263	信诺	美国	金融	独列	独列	未涉及
271	赛诺菲	法国	医药	独列	独列	未涉及
276	默沙东	美国	医药	独列	独列	未涉及
279	三菱电机股份有限公司	日本	制造业	独列	独列	未涉及
281	沙特基础工业公司	沙特阿拉伯	能源化工	独列	独列	未涉及

续表

世界排名	公司名称	所属国	行业	对港澳台地区的标识		
				台湾	香港	澳门
311	日本三菱重工业股份有限公司	日本	制造业	独列	独列	未涉及
313	富士通	日本	ICT	独列	独列	未涉及
317	佳能	日本	制造业	独列	独列	未涉及
326	东芝	日本	制造业	独列	独列	未涉及
340	耐克公司	美国	日用消费行业	独列	独列	未涉及
348	铃木汽车	日本	制造业	独列	独列	未涉及
351	全球燃料服务公司	美国	能源化工	独列	独列	未涉及
366	安达保险公司	瑞士	金融	独列	独列	未涉及
378	马自达汽车株式会社	日本	制造业	独列	独列	未涉及
384	斯巴鲁公司	日本	制造业	独列	独列	未涉及
409	慧与公司	美国	ICT	独列	独列	未涉及
411	菲利普·莫里斯国际公司	美国	日用消费行业	独列	独列	未涉及
413	康帕斯集团	英国	ICT	独列	独列	未涉及
422	艾伯维	美国	医药	独列	独列	未涉及
424	施耐德电气	法国	ICT	独列	独列	未涉及
425	住友电工	日本	ICT	独列	独列	未涉及
453	英美烟草集团	英国	日用消费行业	独列	独列	未涉及
455	Gilead Sciences 公司	美国	医药	独列	独列	未涉及
463	日本电气公司	日本	ICT	独列	独列	未涉及
475	喜力控股公司	荷兰	日用消费行业	独列	独列	未涉及

续表

世界排名	公司名称	所属国	行业	对港澳台地区的标识		
				台湾	香港	澳门
482	贺利氏控股集团	德国	综合	独列	独列	未涉及
484	DXC Technology 公司	美国	ICT	独列	独列	未涉及
491	德国勃林格殷格翰公司	德国	医药	独列	独列	未涉及
500	爱立信公司	瑞典	ICT	独列	独列	未涉及

在 163 家涉及我国港澳台地区标识的世界 500 强外企中，有 2 家企业同时涉及港澳两地标识，但不涉及台湾地区标识——瑞士再保险股份有限公司、达美航空，这 2 家企业均将港澳两地标识为隶属中国。达美航空曾经被中国民用航空局点名整改，现在其官网已经不再出现台湾字样，对于涉及台湾的航线，只列出了机场代码及城市名称，如台北（TPE）、台中（RMQ）等，但未明确标识"台北，中国"，而在涉及其他国家城市标识时，则明确标识了该城市的所属国，如"冲绳，日本""普吉岛，泰国"，显然，中国再次被达美航空区别对待。

表 21　　仅涉及港澳地区标识的世界 500 强外企（2 家）

世界排名	公司名称	所属国	行业	对港澳台地区的标识		
				台湾	香港	澳门
257	瑞士再保险股份有限公司	瑞士	金融	未涉及	隶属	隶属
266	达美航空	美国	服务业	未涉及	隶属	隶属

在 163 家涉及我国港澳台地区标识的世界 500 强
外企中，仅涉及香港地区标识的有 24 家企业，其中有
10 家企业将香港标识为隶属中国，其余 14 家企业错误
标识了香港；有 36 家企业仅涉及台湾地区标识，其中
将台湾标识为隶属中国的仅有俄罗斯天然气工业股份
公司、瑞士 ABB 集团等 2 家企业，其他 34 家企业均错
误标识了台湾地区。

表22　　　仅涉及香港地区标识的世界 500 强外企（24 家）

世界排名	公司名称	所属国别	行业	对港澳台地区的标识		
				台湾	香港	澳门
105	空中客车集团	荷兰	制造业	未涉及	隶属	未涉及
136	大都会人寿	美国	金融	未涉及	独列	未涉及
139	荷兰全球保险集团	荷兰	金融	未涉及	隶属	未涉及
143	英杰华集团	英国	金融	未涉及	隶属	未涉及
154	安泰保险	美国	金融	未涉及	独列	未涉及
216	印度国家银行	印度	金融	未涉及	独列	未涉及
284	西班牙 ACS 集团	西班牙	建筑	未涉及	独列	未涉及
292	加拿大皇家银行	加拿大	金融	未涉及	独列	未涉及
301	美国联合大陆控股有限公司	美国	服务业	未涉及	隶属	未涉及
315	Tech Data 公司	美国	ICT	未涉及	独列	未涉及
316	埃森哲	爱尔兰	服务业	未涉及	隶属	未涉及
318	英国森特理克集团	英国	能源化工	未涉及	独列	未涉及
328	可口可乐公司	美国	日用消费行业	未涉及	隶属	未涉及
355	德国中央合作银行	德国	金融	未涉及	独列	未涉及
377	英国电信集团	英国	ICT	未涉及	独列	未涉及

续表

世界排名	公司名称	所属国别	行业	对港澳台地区的标识		
				台湾	香港	澳门
379	时代华纳	美国	传媒	未涉及	独列	未涉及
402	联合信贷集团	意大利	金融	未涉及	独列	未涉及
414	西太平洋银行	澳大利亚	金融	未涉及	独列	未涉及
426	达能	法国	日用消费行业	未涉及	隶属	未涉及
430	加拿大丰业银行	加拿大	金融	未涉及	独列	未涉及
446	SAP 公司	德国	ICT	未涉及	隶属	未涉及
450	任仕达控股公司	荷兰	服务业	未涉及	隶属	未涉及
451	卡夫亨氏公司	美国	日用消费行业	未涉及	隶属	未涉及
471	KB 金融集团	韩国	金融	未涉及	独列	未涉及

（三）涉及港澳台地区错误或不当标识情况分析

整体来看，世界 500 强跨国公司在涉及中国香港、澳门和台湾三地的地区标识上，情况并不理想，多数企业未能完全遵守"一个中国"原则，未能规范标识港澳台地区。

1. 错误标识香港地区的情况分析

在 184 家涉及香港、澳门、台湾地区标识的世界 500 强跨国企业中，有 147 家企业涉及对香港地区的标识，占比接近 80%。其中，错误标识香港地区的有 85 家，标识错误率约为 57.8%；其余 62 家企业将香港标识为隶属于中国，标识正确率约为 42.2%。

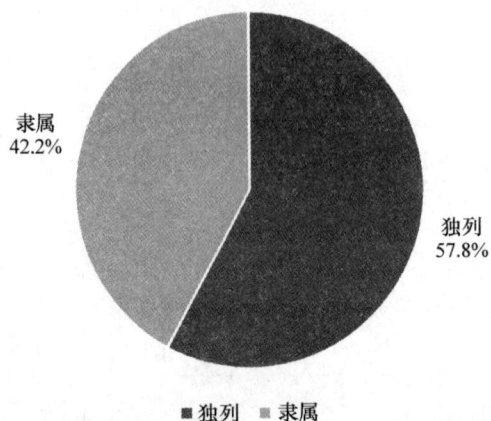

图 18　147 家涉及香港地区标识的世界 500 强企业标识情况

2. 错误标识澳门地区的情况分析

在 184 家涉及香港、澳门、台湾地区标识的世界 500 强企业中，有 31 家企业涉及对澳门地区的标识，占比为 16.8%。其中，有 17 家企业将澳门标识为隶属

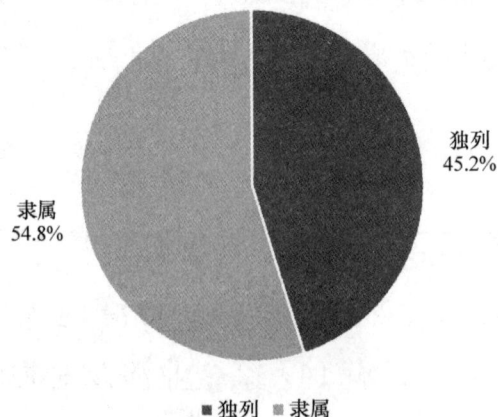

图 19　31 家涉及澳门地区标识的世界 500 强企业标识情况

中国,标识正确率超过半数,约为 54.8%,在涉及港澳台地区的标识中正确率最高。其余 14 家企业存在错误标注澳门地区的问题,标识错误率约为 45.2%。

3. 错误标识台湾地区的情况分析

184 家涉及香港、澳门、台湾地区标识的世界 500 强企业中,有 152 家企业涉及对台湾地区的标识,占比高达 82.6%。其中,错误标识台湾地区的有 121 家,标识错误率约为 79.6%,在错误标识港澳台的情形中最为严重。其余 31 家企业将台湾标识为隶属于中国,在这些将台湾标识为中国领土的企业中,中国石油化工集团、荷兰皇家壳牌石油公司等 10 家公司同时将香港、澳门也标识为隶属于中国。

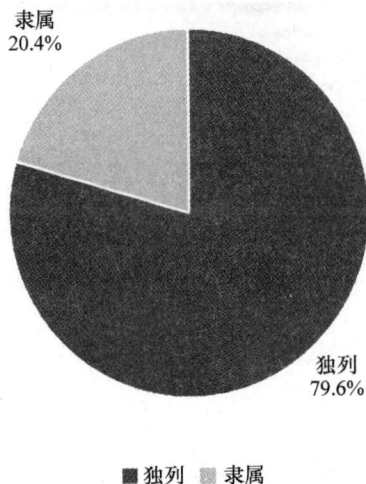

图 20　152 家涉及台湾地区标识的世界 500 强企业标识情况

（四）涉及港澳台地区标识的世界 500 强企业所属国别分析

从国家分布来看，在 184 家涉及我国港澳台地区标识的世界 500 强企业中，有 137 家企业存在对香港、澳门、台湾的错误标识情形，标识错误率高达 75%。这些企业分布在美国、日本、英国、德国、法国、中国（含港澳台地区）、荷兰、瑞士、韩国、加拿大、澳大利亚、西班牙、意大利、印度、丹麦、瑞典、沙特阿拉伯、新加坡和卢森堡共计 19 个国家或地区。

超过 10 家存在错误标识我国港澳台地区的世界 500 强企业的国家有 4 个，即美国、日本、法国、德

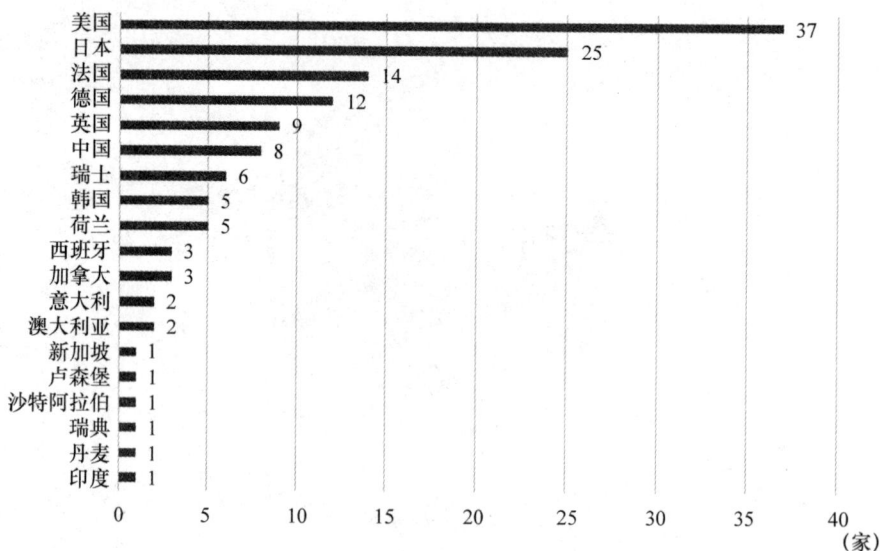

图 21　137 家存在错误标识我国港澳台地区的世界 500 强企业国别分布情况

国。其中，美国有 37 家，日本有 25 家，法国有 14
家，德国有 12 家。

1. 涉及港澳台地区标识的世界 500 强美国企业分析

在 50 家涉及港澳台地区标识的世界 500 强美国企
业中，仅有 2 家企业明确将港澳台三地同时标识为隶
属于中国——联邦快递、美国运通公司，仅占涉及标
识港澳台地区的世界 500 强美国企业总数的 4%。

表 23　　规范标识港澳台三地的世界 500 强美国企业（2 家）

世界排名	公司名称	行业	对港澳台地区的标识		
			台湾	香港	澳门
155	联邦快递	服务业	隶属	隶属	隶属
327	美国运通公司	金融	隶属	隶属	隶属

在 37 家错误标识港澳台地区的世界 500 强美国企
业中，错误标识台湾地区的企业有 33 家，标识错误率
高达 78.6%；错误标识香港地区的企业有 27 家，标识
错误率为 61.4%；错误标识澳门地区的企业有 7 家，
标识错误率为 70%。其中，同时错误标识港澳台三地
的企业有 7 家——苹果公司、亚马逊、花旗集团、联
合包裹速递服务公司、西斯科公司、美国国际集团和
Facebook 公司。

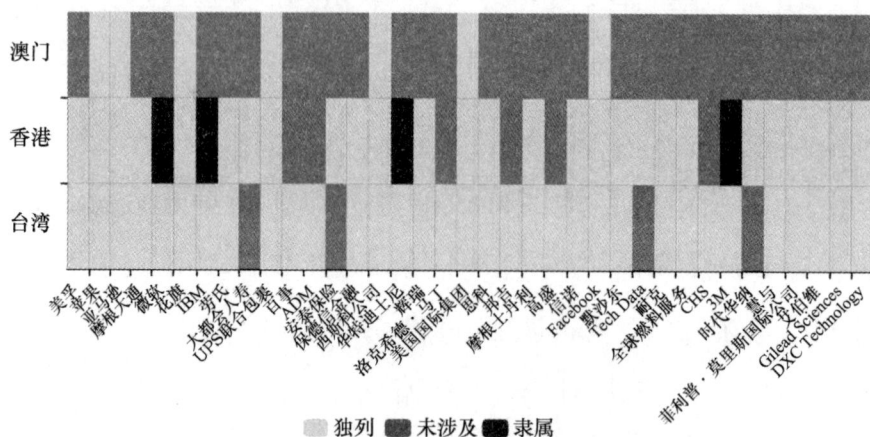

图 22　存在错误标识港澳台地区的世界 500 强美国企业（37 家）

表 24　　　同时错误标识港澳台三地的世界 500 强美国企业（7 家）

世界排名	公司名称	行业	对港澳台地区的标识		
			台湾	香港	澳门
11	苹果公司	ICT	独列	独列	独列
18	亚马逊	ICT	独列	独列	独列
76	花旗集团	金融	独列	独列	独列
138	联合包裹速递服务公司	服务业	独列	独列	独列
174	西斯科公司	日用消费行业	独列	独列	独列
207	美国国际集团	金融	独列	独列	独列
274	Facebook 公司	ICT	独列	独列	独列

此外，有 27 家企业同时涉及港台地区的标识，不涉及澳门地区的标识。其中，有 7 家企业将港台均标识为隶属中国——福特、戴尔科技、宝洁、杜邦公司、

惠普公司、甲骨文公司、雅培公司，占涉及标识港澳台地区的世界500强美国企业总数的14%；有16家企业同时错误标识了港台地区——埃克森美孚、摩根大通公司、美国劳氏公司、保德信金融集团、辉瑞制药有限公司、思科公司、摩根士丹利、信诺、默沙东、耐克公司、全球燃料服务公司、慧与公司、菲利普·莫里斯国际公司、艾伯维、Gilead Sciences 公司、DXC Technology 公司；其余4家企业将香港标识为隶属中国，但却错误标识了台湾地区——微软、国际商业机器公司、华特迪士尼公司、3M公司。

表25　　　　同时规范标识港台的世界500强美国企业（7家）

世界排名	公司名称	行业	对港澳台地区的标识		
			台湾	香港	澳门
22	福特汽车公司	制造业	隶属	隶属	未涉及
93	戴尔科技公司	ICT	隶属	隶属	未涉及
135	宝洁公司	日用消费行业	隶属	隶属	未涉及
147	杜邦公司	综合	隶属	隶属	未涉及
190	惠普公司	ICT	隶属	隶属	未涉及
302	甲骨文公司	ICT	隶属	隶属	未涉及
433	雅培公司	医药	隶属	隶属	未涉及

2. 涉及港澳台地区标识的世界500强日本企业分析

在27家涉及港澳台地区标识的世界500强日本

企业中，有 25 家企业存在错误标识港澳台地区的情形。其中，几乎所有企业都将台湾单独标识于中国之外，标识错误率高达 92.6%；错误标识香港地区的企业有 15 家，标识错误率为 88.2%；仅有 1 家企业涉及澳门地区的标识，且这家企业错误标识了澳门地区——MS&AD 保险集团控股有限公司，该企业也是唯一一家同时涉及且错误标识港澳台三地的世界 500 强日本企业。

此外，有 16 家企业同时涉及港台地区的标识，不涉及澳门地区的标识。其中，有 2 家企业将港台均标识为隶属中国——本田汽车、松下，占涉及标识港澳台地区的世界 500 强日本企业总数的 7.4%；其余 14 家企业同时错误标识了港台地区——日产汽车、日立、三菱日联金融集团、日本 KDDI 电信公司、三菱电机股份有限公司、日本三菱重工业股份有限公司、富士通、佳能、东芝、铃木汽车、马自达汽车株式会社、斯巴鲁公司、住友电工、日本电气公司。

表 26　　　规范标识港台地区的世界 500 强日本企业（2 家）

世界排名	公司名称	行业	对港澳台地区的标识		
			台湾	香港	澳门
30	本田汽车	制造业	隶属	隶属	未涉及
114	松下	制造业	隶属	隶属	未涉及

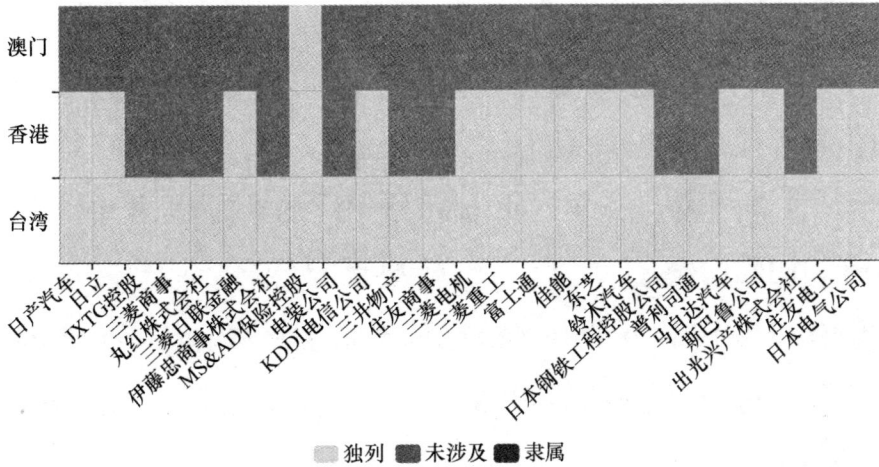

图 23　存在错误标识港澳台地区的世界 500 强日本企业（25 家）

3. 涉及港澳台地区标识的世界 500 强法国企业分析

在 18 家涉及港澳台地区标识的世界 500 强法国企业中，有 14 家企业存在错误标识港澳台地区的情形。其中，错误标识台湾地区的企业有 14 家，标识错误率为 82.4%；错误标识香港地区的企业有 9 家，标识错误率为 60%；仅有 1 家企业涉及澳门地区的标识，该企业同时涉及港台地区的标识——欧莱雅，这是唯一一家同时涉及标识港澳台三地的世界 500 强法国企业，该企业将港澳标识为隶属中国，但是错误标识了台湾地区。

此外，有 13 家企业同时涉及港台地区的标识，不涉及澳门地区的标识。其中，有 3 家企业将港台均标识为隶属中国——安盛、标致、法国航空—荷兰皇家航空集团，占涉及标识港澳台地区的世界500强法国企业总数的16.7%；同时错误标识港台的企业有9家——法国巴黎银行、法国农业信贷银行、法国电力公司、Engie集团、法国兴业银行、法国BPCE银行集团、万喜集团、赛诺菲、施耐德电气。有1家企业仅涉及香港地区的标识，不涉及台湾、澳门地区的标识，该企业将香港明确标识为隶属中国——达能。

表27　　　规范标识香港或台湾地区的世界500强法国企业（4家）

世界排名	公司名称	行业	对港澳台地区的标识		
			台湾	香港	澳门
27	安盛	金融	隶属	隶属	未涉及
108	标致	制造业	隶属	隶属	未涉及
406	法国航空—荷兰皇家航空集团	服务业	隶属	隶属	未涉及
426	达能	日用消费行业	未涉及	隶属	未涉及

4. 涉及港澳台地区标识的世界500强德国企业分析

在15家涉及港澳台地区标识的世界500强德国企业中，有12家企业存在错误标识港澳台地区的情形。其中，错误标识台湾地区的有11家，标识错误率为

84.6%；错误标识香港地区的有 7 家，标识错误率为 63.6%；错误标识澳门地区的有 1 家——博世集团，这是德国唯一一家同时涉及且错误标识港澳台三地的世界 500 强企业。

此外，有 8 家企业同时涉及港台地区的标识，不涉及澳门地区的标识。其中，有 2 家企业将港台均标识为隶属中国——戴姆勒股份公司、西门子，占涉及标识港台地区的世界 500 强德国企业总数的 25%；同时错误标识港台的企业有 5 家——安联保险集团、巴斯夫公司、拜耳集团、贺利氏控股集团、德国勃林格殷格翰公司；剩下的德意志银行将香港标识为隶属中国，但却错误标识了台湾地区。

有 2 家企业仅涉及香港地区的标识，不涉及台湾、澳门地区的标识。其中，错误标识香港地区的是德国中央合作银行；另外一家企业将香港明确标识为隶属中国——SAP 公司。

表28　规范标识香港或台湾地区的世界 500 强德国企业（3 家）

世界排名	公司名称	行业	对港澳台地区的标识		
			台湾	香港	澳门
16	戴姆勒股份公司	制造业	隶属	隶属	未涉及
66	西门子	制造业	隶属	隶属	未涉及
446	SAP 公司	ICT	未涉及	隶属	未涉及

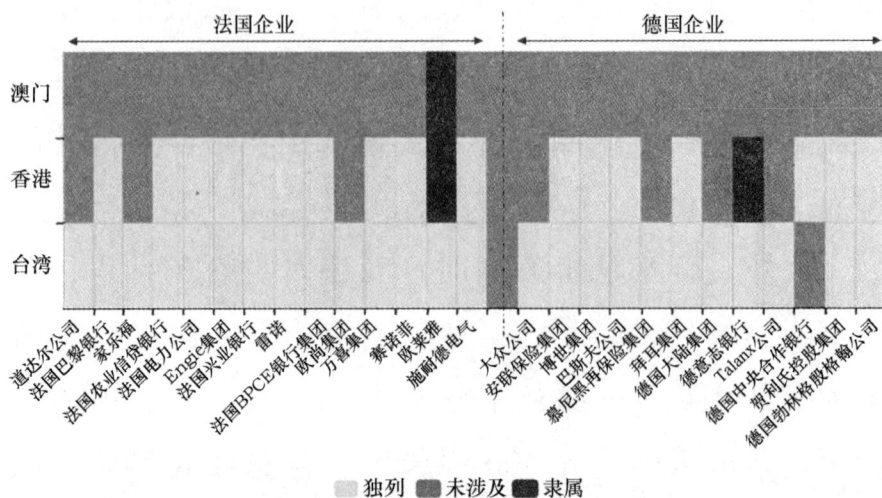

图 24　存在错误标识港澳台地区的世界 500 强法国、德国企业（14 家/12 家）

　　另外，还有丸红株式会社、加拿大皇家银行、安赛乐米塔尔和西班牙雷普索尔等企业错误地使用我国地图，不仅涉及错误或不当标识我国港澳台地区，还涉及错误或不当标注我国领土。这些企业官网中的"问题地图"主要有这几类：一是用适用首都的符号来标识我国香港、澳门和台北。这类错误主要出现在部分企业内嵌地图的情形中，比如有部分企业内嵌谷歌地图，该地图通常用外圈内实心的双层结构符号作为一国首都标志，如北京、东京、伦敦等均被以此符号标识，课题组发现台北、香港、澳门等地也被以这一符号标识。二是对我国地图以不同颜色进行标识。主要表现在部分企业官网的地图在用颜色块进行分区表示时，将我国台湾岛、海南岛以及南海诸岛等重要岛屿的颜色进行有意区分。三是不完整显示我国地图。而我国法律对中国地图的完整性早有规定，《地图管理条例》第九条规定，编制涉及中华人民共和国国界的世界地图、全国地图，应当完整表示中华人民共和国疆域。"问题地图"严重侵犯了我国主权和领土完整，这既不是什么"无心之过"，也不是所谓的"低级错误"，而是涉及一国国家主权和领土完整的大是大非的原则性问题。正如我国外交部发言人在例行记者会上的表态："我们欢迎外国企业来华投资兴业，同时在华经营的外国企业也应当尊重中国的主权和领土完整，遵守中国法律，尊重中国人民民族感情。这也是任何企业到其他国家投资兴业、开展合作最起码的遵循。"[①]

（五）涉及港澳台地区标识的世界 500 强企业所属行业分析

鉴于前一年行业分类类目概括性不足，并不能很好地反映公司业务特点和行业特征，未能实现对所有

---

① 《2018 年 1 月 12 日外交部发言人陆慷主持例行记者会》，中华人民共和国外交部官网，https：//www.fmprc.gov.cn/web/fyrbt_ 673021/jzhsl_ 673025/t1525355.shtml，最后访问时间为 2019 年 10 月 12 日。

公司进行清晰的行业划分。因此本次采用自下而上的聚类方法：先概括出所有公司的主营业务，然后将相近类别进行合并，共同归到其上位类，最后再归并企业数目较少的其他行业。如把保险、银行、投资归为金融类别，把电子商务、通信设备、电信运营归为信息通信技术（Information Communication and Technology，ICT）类别。

从137家存在错误标识港澳台地区情形的世界500强企业所属行业分布来看，金融行业的企业标识错误率最高，近90%金融行业的企业存在错误标识港澳台地区的情形，而且这一行业中错误标识港澳台地区的企业总数也最多，一共有38家，占存在错误标识港澳台地区情形的世界500强企业总数的27.7%；其次是医药行业，标识错误率达到83%；ICT、制造业、能源化工三个行业的企业的标识错误率均在75%左右，这三个行业中错误标识港澳台地区的企业总数也比较多，分别排在所有行业分类的第二位、第三位、第四位。服务业企业的标识错误率最低，该行业分类下的企业主要是交通运输类企业，如联邦快递、达美航空等，这类企业在以前收到过敦促整改通知，故而情况较其他行业见好，但仍有马士基集团和联合包裹速递服务公司存在错误标识的情况。

（家）

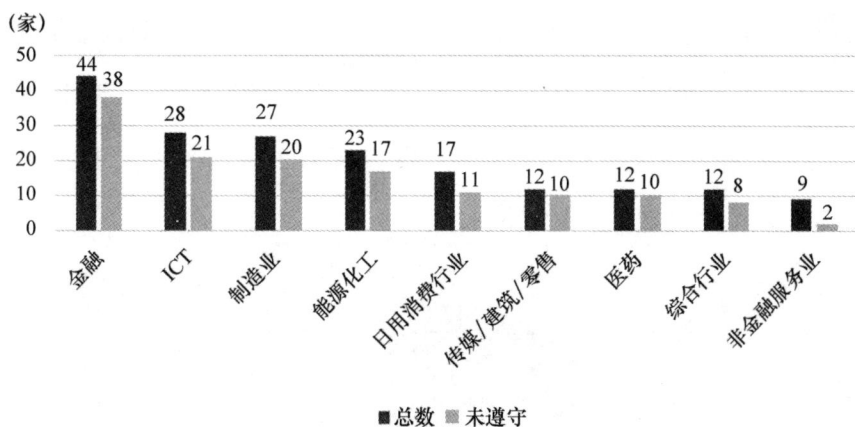

图 25　184 家涉及港澳台地区标识的世界 500 强企业行业分布

（六）2018 年与 2019 年两年对比分析

同 2018 年的报告相比，2019 年的报告有几个明显的变化：一是将观察对象扩大到了所有涉及港澳台标识的世界 500 强企业（此次将世界 500 强企业中的中国企业也纳入观察对象）。二是对相关企业网站的观察范围从世界 500 强企业的母语官方网站变成这些企业的英文官方网站（主要是该企业在其所属国家注册的网站）、中文官方网站（如有）。三是观察网站是否存在错误或不当标识我国港澳台地区情形的范围也不仅局限于首页或者地区分布页，而是扩展到了全网站，包括网站使用的标识、刊载的新闻报道、内嵌的地图和发布的报告等。四是判定标准也更加全面、规范，比如增加了对在网站地图中使用适用首都的符号来标识我国香港、澳门和台北这一情形的判定。以上变化一定程度上导致了 2019 年涉及港澳台地区标识的世界 500 强企业数量大幅上升——新增加了 123 家企业。两年的情况对比如图 26 所示。

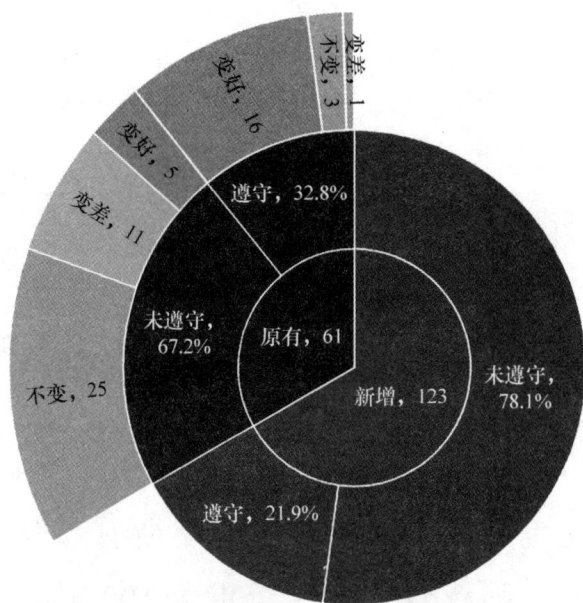

图 26　2018—2019 年对比变化情况

　　在新增企业中，大约有 78.1% 的企业未能完全遵守"一个中国"原则，如大众公司、三星电子、安联保险集团等。从所属国别来看，新增企业中未能完全遵守"一个中国"原则的企业依旧以美国籍、日本籍、法国籍和德国籍企业为主，总数为 60 家。从所属行业来看，新增企业中未能完全遵守"一个中国"原则的企业主要分布在金融、ICT、制造业、能源化工等行业，企业总数为 66 家。

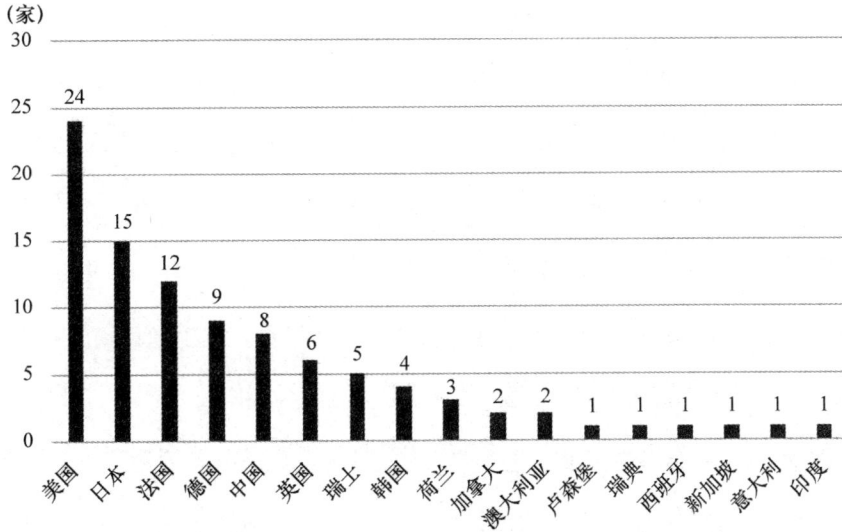

图 27　2019 年新增未遵守"一个中国"原则的世界 500 强企业所属国家分布

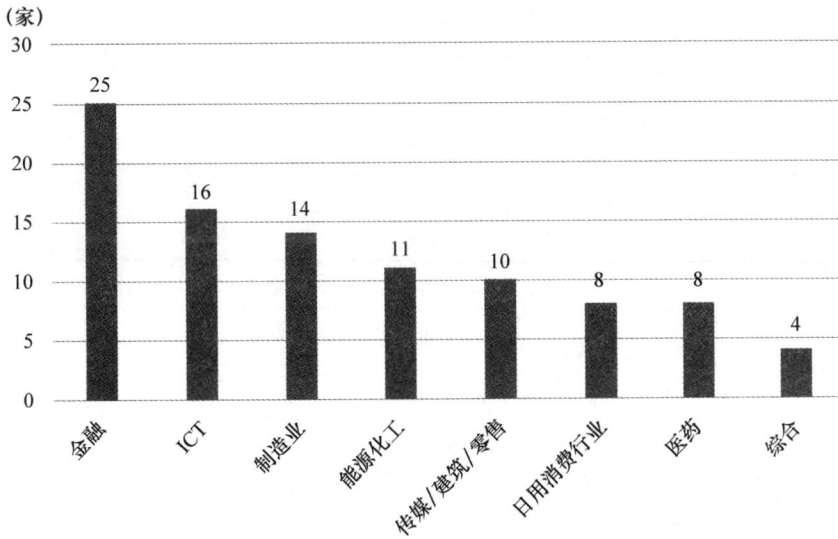

图 28　2019 年新增未遵守"一个中国"原则的世界 500 强企业所属行业分布

　　为观察连续两年都涉及我国港澳台地区标识的世界 500 强企业的变化情况，课题组将两年的观察结果进行了对比分析。将变化趋势分为变好、变差、不变三个大类，通过表 29 所示判定规则对变化趋势进行判定。对港澳台地区标识对应的变化值求和，结果为正判定为变好，结果为负判定为变差，结果为 0 的判定为不变。就对比结果而言，在世界 500 强企业中，情况变好的企业有 21 家，占比为 11.4%，变差的企业有 12 家，变好的企业总数大于变差的企业总数，说明越来越多企业在其官网上标识方面遵守"一个中国"原则，意识到尊重"一个中国"基本事实的重要性。但从整体上来看，情况仍不乐观。

表 29　　　　　　　　　　　　变化趋势判定规则

变化趋势		变化值
正向变化	独列→未涉及	+1
	独列→隶属	+1
	未涉及→隶属	+1
负向变化	隶属→未涉及	−1
	隶属→独列	−1
	未涉及→独列	−1
无变化	独列→独列	0
	未涉及→未涉及	0
	隶属→隶属	0

2018 年报告中已经提及的未能遵守"一个中国"原则的企业中，此次仍未改正的企业有 25 家，如亚马逊、苹果公司、宏利金融 3 家企业 2018 年及 2019 年两年均将港澳台三地同时标识错误。这些企业以美国籍企业及日本籍企业居多，并且多分布在金融、ICT 和能源化工等行业。

表 30　　未遵守"一个中国"原则且过去一年仍未改正的
世界 500 强企业（25 家）

世界排名	公司名称	所属国	行业	对港澳台地区的标识		
				台湾	香港	澳门
9	埃克森美孚	美国	能源化工	独列	独列	未涉及
11	苹果公司	美国	ICT	独列	独列	独列
18	亚马逊	美国	ICT	独列	独列	独列
28	道达尔公司	法国	能源化工	独列	未涉及	未涉及
44	法国巴黎银行	法国	金融	独列	独列	未涉及
50	英国保诚集团	英国	金融	独列	独列	未涉及
79	日立	日本	综合	独列	独列	未涉及
112	巴斯夫公司	德国	能源化工	独列	独列	未涉及
136	大都会人寿	美国	金融	未涉及	独列	未涉及
152	ADM 公司	美国	日用消费行业	独列	未涉及	未涉及
229	电装公司	日本	制造业	独列	未涉及	未涉及
241	宏利金融	加拿大	金融	独列	独列	独列
249	摩根士丹利	美国	金融	独列	独列	未涉及
259	高盛	美国	金融	独列	未涉及	未涉及
276	默沙东	美国	医药	独列	独列	未涉及
278	力拓集团	英国	能源化工	独列	未涉及	未涉及

续表

世界排名	公司名称	所属国	行业	对港澳台地区的标识		
				台湾	香港	澳门
279	三菱电机股份有限公司	日本	制造业	独列	独列	未涉及
305	马士基集团	丹麦	服务业	独列	未涉及	未涉及
313	富士通	日本	ICT	独列	独列	未涉及
348	铃木汽车	日本	制造业	独列	独列	未涉及
355	德国中央合作银行	德国	金融	未涉及	独列	未涉及
376	3M 公司	美国	综合	独列	隶属	未涉及
463	日本电气公司	日本	ICT	独列	独列	未涉及
475	喜力控股公司	荷兰	日用消费行业	独列	独列	未涉及
492	荷兰合作银行	荷兰	金融	独列	隶属	未涉及

连续两年涉及港澳台地区标识的世界 500 强企业有 61 家，其中有 11 家企业在 2019 年的观察中较 2018 年情况恶化——摩根大通公司、联合包裹速递服务公司、雷普索尔公司、Facebook 公司、沙特基础工业公司、英国葛兰素史克公司、日本三菱重工业股份有限公司、耐克公司、斯巴鲁公司、联合信贷集团、曼福集团。其中，摩根大通公司情况最为严重，该公司 2018 年涉及港台两地的标识，并且均将港台标注为隶属中国，但 2019 年该公司将港台两地与包括中国在内的国家并列，并未标识出港澳台隶属中国，也未将港澳台标识为地区。另外，Facebook 公司在 2018 年仅涉及港台标识，该公司将香港标识为隶属中国，但错误标识了台湾，而 2019 年该公司涉及港澳台三地标识，

并且全部错误标识了港澳台三地。

表 31　　　　过去一年情况恶化的世界 500 强企业（11 家）

公司名称	所属国	行业	观察年份	对港澳台地区的标识		
				台湾	香港	澳门
摩根大通公司	美国	金融业	2018 年	隶属	隶属	未涉及
			2019 年	独列	独列	未涉及
联合包裹速递服务公司	美国	服务业	2018 年	独列	独列	未涉及
			2019 年	独列	独列	独列
雷普索尔公司	西班牙	能源化工	2018 年	隶属	隶属	未涉及
			2019 年	独列	未涉及	未涉及
Facebook 公司	美国	ICT	2018 年	独列	隶属	未涉及
			2019 年	独列	独列	独列
沙特基础工业公司	沙特阿拉伯	能源化工	2018 年	独列	未涉及	未涉及
			2019 年	独列	独列	未涉及
英国葛兰素史克公司	英国	医药	2018 年	独列	独列	未涉及
			2019 年	独列	独列	独列
日本三菱重工业股份有限公司	日本	制造业	2018 年	独列	未涉及	未涉及
			2019 年	独列	独列	未涉及
耐克公司	美国	日用消费行业	2018 年	独列	隶属	未涉及
			2019 年	独列	独列	未涉及
斯巴鲁公司	日本	制造业	2018 年	独列	隶属	未涉及
			2019 年	独列	独列	未涉及
联合信贷集团	意大利	金融业	2018 年	隶属	独列	未涉及
			2019 年	未涉及	独列	未涉及
曼福集团	西班牙	金融业	2018 年	独列	隶属	未涉及
			2019 年	独列	未涉及	未涉及

　　在 2019 年的观察中，部分企业涉及我国港澳台地

区的标识情况较 2018 年有所改善，如西门子、雀巢公司、松下、宝洁公司、杜邦公司等 21 家企业均发生了正向变化。

表 32　　　　在过去一年有所改善的世界 500 强企业（21 家）

公司名称	国别	行业	观察年份	对港澳台地区的标识		
				台湾	香港	澳门
荷兰皇家壳牌石油公司	荷兰	能源化工	2018 年	未涉及	独列	独列
			2019 年	隶属	隶属	隶属
西门子	德国	制造业	2018 年	独列	独列	独列
			2019 年	隶属	隶属	未涉及
雀巢公司	瑞士	日用消费行业	2018 年	独列	独列	未涉及
			2019 年	隶属	隶属	未涉及
松下	日本	制造业	2018 年	独列	独列	未涉及
			2019 年	隶属	隶属	未涉及
宝洁公司	美国	日用消费行业	2018 年	独列	独列	未涉及
			2019 年	隶属	隶属	未涉及
杜邦公司	美国	综合	2018 年	独列	独列	未涉及
			2019 年	隶属	隶属	未涉及
联合利华	英国	日用消费行业	2018 年	独列	未涉及	未涉及
			2019 年	隶属	隶属	未涉及
联邦快递	美国	服务业	2018 年	独列	独列	未涉及
			2019 年	隶属	隶属	隶属
LG 电子	韩国	制造业	2018 年	独列	独列	未涉及
			2019 年	独列	未涉及	未涉及
惠普公司	美国	ICT	2018 年	独列	独列	未涉及
			2019 年	隶属	隶属	未涉及
三井物产株式会社	日本	综合	2018 年	独列	独列	未涉及
			2019 年	独列	未涉及	未涉及

续表

公司名称	国别	行业	观察年份	对港澳台地区的标识		
				台湾	香港	澳门
住友商事	日本	综合	2018 年	独列	独列	未涉及
			2019 年	独列	未涉及	未涉及
Talanx 公司	德国	金融	2018 年	独列	独列	未涉及
			2019 年	独列	未涉及	未涉及
甲骨文公司	美国	ICT	2018 年	独列	独列	未涉及
			2019 年	隶属	隶属	未涉及
瑞银集团	瑞士	金融	2018 年	独列	独列	未涉及
			2019 年	独列	隶属	未涉及
埃森哲	爱尔兰	服务业	2018 年	独列	独列	未涉及
			2019 年	未涉及	隶属	未涉及
可口可乐公司	美国	日用消费行业	2018 年	未涉及	独列	未涉及
			2019 年	未涉及	隶属	未涉及
瑞士 ABB 集团	瑞士	能源化工	2018 年	独列	隶属	未涉及
			2019 年	隶属	未涉及	未涉及
达能	法国	日用消费行业	2018 年	未涉及	独列	未涉及
			2019 年	未涉及	隶属	未涉及
SAP 公司	德国	ICT	2018 年	独列	独列	未涉及
			2019 年	未涉及	隶属	未涉及
任仕达控股公司	荷兰	服务业	2018 年	未涉及	独列	未涉及
			2019 年	未涉及	隶属	未涉及

五 依法治理跨国企业违反 "一个中国" 原则

据总部位于日内瓦的联合国贸易和发展会议（贸发会议）2019 年 6 月 12 日发布的报告，2018 年中国吸引外国直接投资总额为 1390 亿美元，在全球外国直接投资（FDI）流量连续下降的情况下，我国吸引外资总量逆势上扬，继续成为吸引外资最多的发展中国家，占全球外资总量的 10% 以上，也是继美国之后全球第二大外资流入国。[①] 就世界 500 强企业而言，早在 2012 年，世界 500 强企业中就有约 490 家企业在中国投资，跨国公司在华设立的研发中心、地区总部等功能性机构已经达到 1600 余家。[②] 在依法保护在华经营

---

① 参见《2019 年世界投资报告发布》，环球网，http：//chamber. huanqiu. com/policy/2019－09/15455549. html，最后访问时间为 2019 年 10 月 25 日。
② 国勇：《世界 500 强公司中已有 490 家在中国投资》，《企业改革与管理》2012 年第 7 期。

跨国企业合法权益的同时，要求其合规经营、尊重中国主权和领土完整，也十分重要。

（一）法律依据

无论是世界 500 强跨国企业，还是其他任何市场主体，依法经营都是最基本的要求。"一个中国"原则为国际法所认可，并为中国法律所明确规定。无论是《日内瓦原则宣言》《国际电信规则》，还是第六次联合国大会发布的 A/68/98 文件，诸多国际规范都认可了国家主权原则在网络空间的适用。网络空间不是法外之地，一家企业无论在中国是否开展经营行为，在官方网站错误或不当标识中国领土，不尊重中国领土和主权完整，都是不应该的。

事实上，对于要求国内外企业遵守"一个中国"原则，尊重中国领土完整，中国已经有相对系统的法律规定。我国《宪法》总纲明确规定："禁止破坏民族团结和制造民族分裂的行为。"第五十二条规定："中华人民共和国公民有维护国家统一和全国各民族团结的义务。"《公司法》第一百九十六条规定："经批准设立的外国公司分支机构，在中国境内从事业务活动，必须遵守中国的法律，不得损害中国的社会公共利益，其合法权益受中国法律保护。"《网络安全法》第七条规定:"国家积极开展网络空间治理、网络技术研发和标准制定、打击网络违法犯罪等方面的国际交流与合作,推动构建和平、安全、开放、合作的网络空间。"《网络安全法》第十条规定:"建设、运营网络或者通过网络提供服务,应当依照法律、法规的规定和国家标准、行业标准的强制性要求,采取技术措施和其他必要措施,保障网络安全、稳定运行,有效应对网络安全事件,防范违法犯罪活动,维护网络数据的完整性、保密性和可用性。"《中华人民共和国测绘法》第三十八条规定:"地图的编制、出版、展示、登载及更新应当遵守国家有关地图编制标准、地图内容表示、地图审核的规定。互联网地图服务提供者应当使用经依法审核批准的地图,建立地图数据安全管理制度,采取安全保障措施,加强对互联网地图新增内容的核校,提高服务质量。县级以上人民政府和测绘地理信息主管部门、网信部门等有关部门应当加强对地图编制、出版、展示、登载和互联网地图服务的监督管理,保证地图质量,维护国家主权、安全和利益。地图管理的具体办法由国务院规定。"

维护国家在网络空间的主权、安全、发展利益是我国网络空间安全战略的重要任务。2016 年 12

月 27 日，经中央网络安全和信息化领导小组批准，国家互联网信息办公室发布的《国家网络空间安全战略》中明确指出，要坚决维护国家安全，防范、制止和依法惩治任何利用网络进行叛国、分裂国家、煽动叛乱、颠覆或者煽动颠覆人民民主专政政权的行为。在《国家安全法》里也首次明确了"网络空间主权"这一概念，确保我国的主权和领土完整在网络空间不被侵犯和分割。因此，必须严肃对待跨国企业在其官方网站错误或不当标识中国领土的行为，坚决反对和遏制网络空间中妄图分裂中国的反动势力，坚决打击一切侵害我国国家主权和领土完整的行为。

维护国家主权、统一和领土完整体现在我国一系列相关法律法规中。对于在网络空间实施破坏国家统一等法律、行政法规规定的禁止性行为的，相关部门应当依据《网络安全法》要求网络运营者停止传输，采取消除等处置措施，对于境外的此类行为，应当采取措施阻断传播。依据《全国人民代表大会常务委员会关于维护互联网安全的决定》相关条款的规定，构成犯罪的，依照刑法有关规定追究其刑事责任。《互联网信息服务管理办法》也明确规定互联网信息服务提供者不得制作、复制、发布、传播含有"颠覆国家政权，破坏国家统一"的内容的信息。

表 33   企业遵守"一个中国"原则的相关法律依据

法律法规	相关规定
《宪法》	总纲：禁止破坏民族团结和制造民族分裂的行为。 第五十二条：中华人民共和国公民有维护国家统一和全国各民族团结的义务。
《公司法》	第一百九十六条：经批准设立的外国公司分支机构，在中国境内从事业务活动，必须遵守中国的法律，不得损害中国的社会公共利益，其合法权益受中国法律保护。
《国家安全法》	第二十五条：国家建设网络与信息安全保障体系，提升网络与信息安全保护能力，加强网络和信息技术的创新研究和开发应用，实现网络和信息核心技术、关键基础设施和重要领域信息系统及数据的安全可控；加强网络管理，防范、制止和依法惩治网络攻击、网络入侵、网络窃密、散布违法有害信息等网络违法犯罪行为，维护国家网络空间主权、安全和发展利益。
《网络安全法》	第七条：国家积极开展网络空间治理、网络技术研发和标准制定、打击网络违法犯罪等方面的国际交流与合作，推动构建和平、安全、开放、合作的网络空间。 第十条：建设、运营网络或者通过网络提供服务，应当依照法律、法规的规定和国家标准、行业标准的强制性要求，采取技术措施和其他必要措施，保障网络安全、稳定运行，有效应对网络安全事件，防范违法犯罪活动，维护网络数据的完整性、保密性和可用性。 第五十条：国家网信部门和有关部门依法履行网络信息安全监督管理职责，发现法律、行政法规禁止发布或者传输的信息的，应当要求网络运营者停止传输，采取消除等处置措施，保存有关记录；对来源于中华人民共和国境外的上述信息，应当通知有关机构采取技术措施和其他必要措施阻断传播。
《全国人民代表大会常务委员会关于维护互联网安全的决定》	二、为了维护国家安全和社会稳定，对有下列行为之一，构成犯罪的，依照刑法有关规定追究刑事责任：（一）利用互联网造谣、诽谤或者发表、传播其他有害信息，煽动颠覆国家政权、推翻社会主义制度，或者煽动分裂国家、破坏国家统一……

法律法规	相关规定
《互联网信息服务管理办法》	第十五条：互联网信息服务提供者不得制作、复制、发布、传播含有下列内容的信息：……（二）危害国家安全，泄露国家秘密，颠覆国家政权，破坏国家统一的……
《测绘法》	第三十八条：……互联网地图服务提供者应当使用经依法审核批准的地图，建立地图数据安全管理制度，采取安全保障措施，加强对互联网地图新增内容的核校，提高服务质量。县级以上人民政府和测绘地理信息主管部门、网信部门等有关部门应当加强对地图编制、出版、展示、登载和互联网地图服务的监督管理，保证地图质量，维护国家主权、安全和利益。 第六十二条：违反本法规定，编制、出版、展示、登载、更新的地图或者互联网地图服务不符合国家有关地图管理规定的，依法给予行政处罚、处分；构成犯罪的，依法追究刑事责任。
《地图管理条例》	第三条：地图工作应当遵循维护国家主权、保障地理信息安全、方便群众生活的要求。地图的编制、审核、出版和互联网地图服务应当遵守有关保密法律、法规的规定。 第五章：互联网地图服务

（二）对策建议

外商企业尤其是在华有经营业务的世界 500 强企业对中国主权领土完整的尊重，对我国国家利益有重大影响。我国应采取措施，着力解决其中存在的问题。

1. 从观念上重视跨国企业对中国领土主权的尊重情况

从以上调研中不难发现，错误或不当标识中国领土的问题在世界 500 强等各类跨国企业中并非少数。出现此类状况的原因可能多种多样，大体可以分为两类：或者是明知故犯，或者是由于技术或内容管理工作人员相关知识不足等原因造成。但不论对于客观上侵犯了我国领土完整的行为是否知情、是否故意，都表明这些企业的相关负责人在此问题上处理不当。对此问题，我们必须从观念上给予足够的重视。

第一，我国政府、企事业单位的组织与个人有义务通过种种形式，在国内外各种场合，有理、有利、有节地宣示中国政府的立场，以及港澳台地区系中国合法领土这一客观事实。只有自己心里明白了，才能让别人明白。特别重要的是，要通过客观理性的方式，让国外政府、社会组织、公司及公民个体认识到港澳台是中国合法领土的基本事实与国际法依据。让这个法理事实在全世界成为常识，成为全世界的主流认知。对于故意宣扬或者以其他方式损害中国领土主权完整的行为，在必要时要让其付出包括法律惩罚在内的足够代价。"一个中国"原则有着充足的国际法和国内法依据，中国主权领土完整是国家核心利益，必须让中国领土主权完整相关法律显示出其锋利的牙齿。

第二，要引导国内外企业，特别是跨国企业在企业内部做好坚持"一个中国"原则的宣传与教育工作。一方面，有关企业要把尊重中国主权领土完整、尊重中国人民感情作为在中国市场经营必须承担的法律责任和社会责任，并纳入企业内部日常管理和考核中，成为企业合规经营的一部分。另一方面，应当在企业内部建立对中国文化、历史、政治有深刻认识的部门，在关键、敏感问题上绝不犯错，对员工做好必要的宣传和教育工作，这对国内外企业在中国的长期稳定发展都是很有必要的。

第三，必须让在华开展业务的跨国企业充分认识到尊重中国的领土主权完整、承认"一个中国"原则的重要性。从涉事企业在涉及我国领土完整、国家主权事件中的行为表现可以看出，不仅仅是外国企业对我国的领土以及主权的认识不到位，甚至国内的一些企业对该问题的重视程度也不够。虽然很多跨国企业是因为一种习惯的延续，在其官网中将港澳台等地区与中国并列，这种愚蠢的错误和对我国政治敏感性的无知实质上是一种没有真正了解我国而只求利益的行为，这种忽略中国民众感情的行为必然会带来自身利益的巨大损失。近年来，中国民众在主权问题上比以前更具有敏感性，更加难以容忍不尊重中国主权和领土完整的行为，中国的消费者是不可能容忍任何轻视和侮辱的。作为全球最大的单一市场，中国市场拥有庞大的规模和体量，拥有着巨大的市场潜力，拥有发育日渐成熟的市场营商环境，这为跨国公司的长足发展带来了机遇，也必然会对跨国企业能否赢得全球竞争具有关键性影响。所以，对于跨国企业来讲，对中国进行更加深入的了解，真正认可和尊重中国国家主权和领土完整，是非常有必要的工作。

2. 完善相关法律法规，敦促外国企业遵守"一个中国"法律要求

通过前述法律研究可以看出，目前在中国，对于此类不尊重我国国家主权和领土完整的行为，《网络安全法》《全国人民代表大会常务委员会关于维护互联网安全的决定》《互联网信息服务管理办法》《中华人民共和国外资企业法实施细则》《互联网信息内容管理行政执法程序规定》等法律法规中均有禁止性规定。

但整体来说，我国法律在此类问题上仍然有不足。比如，对于未在中国开展业务的外国企业，其官网对中国领土有错误或不当标识的情况且影响恶劣的，该如何处理？对于在华开展业务或者虽然未在华开展业务，但向中国人提供服务的境外企业，有类似情况，如何处置？具体该如何设置罚则，惩罚到何种程度？

目前，对于未在华开展业务的企业官网存在错误或不当标识中国领土的行为且影响恶劣的处置问题，我国法律规定不够明确，执法力度也不够。

随着我国对外经济活动的不断增加以及人员往来的日渐频繁，应当在《网络安全法》或者相关部门规章中进一步细化完善对于此类行为的规制，着重针对在官网或者移动应用程序中错误或不当标识我国领土范围，侵犯我国领土完整的行为进行规范，并明确处罚措施，敦促外国企业尊重中国国家主权和领土完整。一方面，应该进一步完善相关法律法规，为监管部门执法提供更强有力的法律依据；另一方面，对于发现存在错误或不当标识中国领土范围的世界 500 强企业，应该由相关监管部门采取约谈、责令整改等措施，并通过技术手段，阻止相关网站、APP 在中国境内的传播、页面显示，使其在中国境内无法被浏览及使用。

以近期香港修例风波为例，推特、电报、脸书等社交媒体起到了推波助澜的作用，给"乱港暴徒"提供了重要支持。但无论是香港特区政府，还是中国内地，却都有鞭长莫及之感。70 周年国庆期间，美国苹果公司一度重新上架了一款曾以会鼓动非法行为为由被其禁止上架的香港地图应用，这款地图应用名为"HKmap. live"，是一个名为"HKmap. live 全港抗争即时地图"的网站的手机版。该网站因能即时显示香港警察所在的街头区域而被"乱港暴徒"广泛使用,用以"躲避"警察的逮捕。这款 APP 与网站功能相似,同样能够通过用户标记实时更新警方车辆、人员信息以及冲突发生的位置信息,因此被认为是暴徒躲避警察执法的"帮凶"。虽然这款 APP 的研发者声称它只是一个地图平台,用来告诉香港公众街头都在发生什么,从而提醒人们注意安全。但事实并非如此,Hk-map. live 的研发者不仅在其社交账号上表现出了明显支持"乱港暴徒"的立场,而且在贴文和地图的图例上还使用了侮辱性的标签和词语来指代警方人员。[①] 再者说,如果真要帮助用户避开危险,它应该标明暴徒的位置与人数才是。很显然,这是一款暴徒施暴指南。

但由于这款 APP 并没有在中国内地的苹果应用商城上架,而且苹果在香港或者境外其他地区所设置的公司,如果是子公司的话,它们在法律上具有独立法人资格,与苹果总公司或者苹果在中国内地设立的公司在法律上是相互独立的,各自独立承担权利和义务。因此,依据我国内地目前的法律和监管政策,我

---

① 《苹果上架了一款"香港暴徒好帮手"APP》,腾讯网,https://new. qq. com/omn/20191006/20191006A0HZ7F00. html,最后访问时间为 2019 年 10 月 10 日。

国监管部门对苹果公司的这种做法缺乏有效的应对手段。苹果公司一开始不通过对 HKmap. live 这款 APP 的审核，后来又改为通过并仅在中国内地以外的 APP Store 上架，也说明苹果有着精明的算计和法律评估。实际上，这也反映了苹果公司一贯的政治态度。比如，在苹果公司的美国总部官方网站上，始终将我国台湾、香港等地与中国并列，而不是将港、台列于中国领土之下。①

对此，一方面，香港特区政府应该依法监管苹果公司在香港的应用商城，及时下架这种宣扬暴力、支持暴力的违法 APP，同时，外交部驻港特派公署应该要求美国政府基于"一个中国"原则承诺和美国法律对禁止宣扬暴力的规定，依法对苹果公司进行监管，阻止违法违规和宣扬暴力的行为。另一方面，中国内地相关部门也应该通过建立不可信实体清单等制度并完善相关法律，对于有类似行为的外国企业在中国投资时，不应该给予任何特权或优惠政策；必要时，制定相关法律，对境外违反"一个中国"原则等中国核心利益的行为进行长臂管辖。

---

① 2019 年 10 月 10 日，在强大的舆论压力下，苹果和谷歌最终还是作出了从应用市场下架的处理，但已经下载并安装的应用程序能否继续使用，目前还不明确。

3. 利用现行法律法规，坚决处置相关违法违规行为

对于跨国公司或境外企业违反"一个中国"原则，不尊重中国领土主权的行为，中国现行法律也并不是无可奈何。《网络安全法》第五十条规定："国家网信部门和有关部门依法履行网络信息安全监督管理职责，发现法律、行政法规禁止发布或者传输的信息的，应当要求网络运营者停止传输，采取消除等处置措施，保存有关记录；对来源于中华人民共和国境外的上述信息，应当通知有关机构采取技术措施和其他必要措施阻断传播。"因此，保存有关记录或者阻断其传播，是必须采取的第一步措施。

对于设立在中国境内的跨国企业，应当严格依据《全国人民代表大会常务委员会关于维护互联网安全的决定》第二条的规定，追究相关责任人的刑事责任；或者依据《中华人民共和国外资企业法实施细则》第五条第一项的规定，不予批准涉事企业的设立申请；也可以根据国家网信办出台的《互联网信息内容管理行政执法程序规定》，对相关企业予以处罚。

实际上，对于部分在中国境内没有经营业务的跨国企业，我们也同样并非毫无办法。以航空公司为例，中国是其巨大的市场，而互联网站和 APP 是其进行经营的重要工具和手段。对于那些违反"一个中国"原

则而又拒不改正的外国航空公司，我国相关部门完全可以根据《网络安全法》的规定，对其进行屏蔽，阻断其相关网站和应用程序在中国境内的传播，使这些违法企业得到应有的惩罚。对于这些企业，我们还可以采取将其列入负面名单，限制其公司高管入境，取消国内个人、企业或组织与其相关合作等方法，施以处罚或压力。

总之，必须严惩"问题地图"和错误或不当标识我国领土范围的行为，引导企业规范使用地图。对于违反"一个中国"原则，不尊重中国领土主权的企业，必须依据现行法律予以严惩。可以在一段时间内，对在中国境内开展业务的世界500强企业以及有一定品牌知名度、影响力的外国企业集中进行排查，发现违规，及时处置。每年进行例行性巡查，并及时曝光在中国领土标识上存在问题的企业，表扬及时更正错误的企业。对于冥顽不化的跨国企业，依法严肃查处，集中曝光。中国市场和消费者，也可以对这些企业进行市场惩罚。

近年来，我国各地、各部门多次在全国范围内组织开展了全覆盖排查整治"问题地图"专项行动，依法查处了一批损害国家领土主权、安全和利益的"问题地图"。同时，在查处中也应进一步加大规范使用标准地图的宣传力度，让更多企业知晓如何下载使用标准地图，树立严格规范使用地图的观念，保证地图使用的正确性、合法性、严肃性。

4. 鼓励监督举报，建立发现跨国企业违法违规行为的长效机制

政府既要在监督跨国企业尊重中国国家主权和领土完整的工作中发挥主导作用，也要积极回应我国民众在遇到此类事件中表现出的爱国热情。维护国家版图尊严是每个公民应尽的义务，我国民众有着捍卫国家主权和领土完整的坚定决心。

第一，增强发现和查处能力。根据国家互联网和信息办公室颁布的《互联网信息内容管理行政执法程序规定》第六条的规定："行政处罚由违法行为发生地的互联网信息内容管理部门管辖。违法行为发生地包括实施违法行为的网站备案地，工商登记地（工商登记地与主营业地不一致的，应按主营业地），网站建立者、管理者、使用者所在地，网络接入地，计算机等终端设备所在地等。"对于以上公司在互联网上公布不当内容的处罚遵行违法行为发生地（属地）管辖的要求，① 我国互联网信息内容管理部门针对这种不当行为依法享有管辖权。在具体的处罚方式上包括撤销互联网新闻信息服务许可、吊销互联网新闻信息服务许

---

① 具体的管辖权的配置可见《互联网信息内容管理行政执法程序规定》第六条至第十三条。

可证①等。如果上述公司网站上涉及地图，还可以根据《地图管理条例》的规定，对于违反互联网地图服务的行为作出警告、罚款、没收违法所得、责令停业整顿等处罚。②

对于在航线设置以及领土标识上违反我国国家主权情况的航空公司，我国同样有权依据《中华人民共和国民用航空法》第二条的规定要求其改正。③ 此外，《国际民用航空公约》也有关于国家主权的表述，认为"缔约各国承认每一国家对其领空具有完全的、排他的主权"。

第二，建立便捷的投诉渠道，调动公众举报监督的积极性。涉及中国国家主权和领土完整问题的事件在发生时大多密集且迅速，可见，不尊重中国国家主权和领土完整的现象长期存在且范围较广，公众对此类问题也有一定了解，但由于缺乏便捷、畅通的举报渠道，或者举报后缺乏及时、有效的回应，此类问题经常得不到应有的重视。因此，一旦此类问题因某个事件而被公众热议，往往会引发同类问题迅速集聚，引起舆论广泛关注，甚至引发大面积舆情。因此，必

---

① 《互联网信息内容管理行政执法程序规定》第十三条。
② 《地图管理条例》第五十四、五十五条。
③ 《中华人民共和国民用航空法》第二条："中华人民共和国的领陆和领水之上的空域为中华人民共和国领空。中华人民共和国对领空享有完全的、排他的主权。"

须建立有效的投诉渠道，让广大群众都作为监督者对各大企业进行监督，并由主管机关对相关涉事企业采取严格的惩处措施。

一方面，有关部门应该设立相关机构，公布监督举报方式，并扩大对不尊重我国国家主权和领土的行为的举报渠道的公示力度和范围，便于公众在遇到"问题地图"时及时向相关部门举报。另一方面，对于收集群众举报的跨国企业网站或 APP 错误或不当标识我国领土的行为，相关部门取证过后应移交相关主管部门依法处置，让伤害广大中国消费者的企业不再能凭一纸声明就能过关，让犯错的成本变高，这样才能杜绝类似事件发生，也能让国内外企业更好地尊重我们国家的主权权威。

第三，主管部门巡查与企业自查自纠相结合。主管部门要对企业使用地图的行为进行巡查，及时查处违法违规行为，责令企业及时整改，消除影响。同时要鼓励各类企业自查自纠，遵守我国法律法规，一旦发现"问题地图"或对中国领土的错误或不当标识行为，及时纠正，避免造成不良社会影响。

5. 强化国家版图意识，形成维护"一个中国"原则的社会氛围

正确的国家版图象征着国家主权和领土完整，体

现了国家在主权方面的意志和在国际社会中的政治、外交立场。我国《测绘法》已经明确规定："各级人民政府和有关部门应当加强对国家版图意识的宣传教育，增强公民的国家版图意识。新闻媒体应当开展国家版图意识的宣传。教育行政部门、学校应当将国家版图意识教育纳入中小学教学内容，加强爱国主义教育。"

第一，对于代表中国立场的特殊岗位的人员要增强版图意识，绷紧捍卫国家主权领土完整这根弦。我国政府工作人员尤其是外事部门工作人员，以及海关、机场等重要交通枢纽的经营者或工作人员，必须在头脑里对国家主权和领土完整有清晰的认识。要在不同场合以妥当方式宣示中国政府立场，坚持"一个中国"原则不动摇，明确港澳台地区系中国合法领土。对于故意宣扬、散布、传播分裂中国的言论或者以其他方式损害中国主权领土完整的行为，必要时应给予强硬有力的回击。

第二，要注重中国地图文化输出，向世界表明"一个中国"原则的坚定立场。不仅要在法理上有理有节地让国际社会认识到港澳台地区系中国合法领土的客观事实及合法性，同时要善于利用文化、情感等软性措施引发国际共识。可以通过不同形式的文化创意产品，从历史、地理等不同角度传播港澳台地区自古就是中国领土的历史，让国际社会都知晓并认可这些地区是我国不可分割的一部分。

第三，要特别重视"国门"对国家版图的宣示价值。当前，我国机场为了管理便利，将港澳台航班均作为国际航班进行管理，在登机口设置、中外文指示路牌设计，以及语音播报上均有别于国内航班。为了航班运行安全，这种做法值得理解，但应予优化。最起码应该更正指示牌及广播通告的文字表述，中文均改为"国际/中国港澳台地区出发"，外文指示牌及播音通告也做同样更正，以特别凸显港澳台地区隶属于中国的事实。

台湾、香港、澳门都是中国不可分割的神圣领土，国家主权统一和领土完整事关中华民族的核心利益。"一个中国"原则既是国际法所尊重的事实，也是中国法律的明确要求。这是法理事实，也应该是政治常识。我们应该调动多方面的力量，通过各方面的努力，在全国、全世界营造尊重"一个中国"原则的良好氛围。

附　录

一　83 家涉及我国港澳台地区标识的 2017 年度世界 500 强外企名单

公司名称	所属国	对港澳台地区的标识			行业
		台湾	香港	澳门	
苹果公司	美国	独列	独列	独列	互联网
亚马逊	美国	独列	独列	独列	互联网
西门子	德国	独列	独列	独列	其他
宏利金融	加拿大	独列	独列	独列	金融业
荷兰皇家壳牌石油公司	荷兰	未涉及	独列	独列	其他
福特汽车公司	美国	隶属	隶属	隶属	汽车
丰田汽车公司	日本	独列	独列	未涉及	汽车
埃克森美孚	美国	独列	独列	未涉及	其他
法国巴黎银行	法国	独列	独列	未涉及	金融业
英国保诚集团	英国	独列	独列	未涉及	金融业
雀巢公司	瑞士	独列	独列	未涉及	快消
日立	日本	独列	独列	未涉及	其他
宝洁公司	美国	独列	独列	未涉及	快消
索尼	日本	独列	独列	未涉及	其他
松下	日本	独列	独列	未涉及	其他

续表

公司名称	所属国	对港澳台地区的标识			行业
		台湾	香港	澳门	
巴斯夫公司	德国	独列	独列	未涉及	其他
联合包裹速递服务公司	美国	独列	独列	未涉及	其他
联邦快递	美国	独列	独列	未涉及	其他
惠普公司	美国	独列	独列	未涉及	互联网
LG电子	韩国	独列	独列	未涉及	互联网
起亚汽车	韩国	独列	独列	未涉及	汽车
迪奥	法国	独列	独列	未涉及	快消
富士通	日本	独列	独列	未涉及	其他
三井物产株式会社	日本	独列	独列	未涉及	其他
默沙东	美国	独列	独列	未涉及	其他
三菱电机股份有限公司	日本	独列	独列	未涉及	其他
摩根士丹利	美国	独列	独列	未涉及	金融业
英国葛兰素史克公司	英国	独列	独列	未涉及	其他
甲骨文公司	美国	独列	独列	未涉及	互联网
住友商事	日本	独列	独列	未涉及	金融业
巴克莱	英国	独列	独列	未涉及	金融业
瑞银集团	瑞士	独列	独列	未涉及	金融业
Talanx公司	德国	独列	独列	未涉及	金融业
埃森哲	爱尔兰	独列	独列	未涉及	其他
铃木汽车	日本	独列	独列	未涉及	汽车
麦当劳	美国	独列	独列	未涉及	快消
日本电气公司	日本	独列	独列	未涉及	其他
杜邦公司	美国	独列	独列	未涉及	其他
SAP公司	德国	独列	独列	未涉及	互联网
雷神公司	美国	独列	独列	未涉及	其他
Tesoro公司	美国	独列	独列	未涉及	其他
前进保险公司	美国	独列	独列	未涉及	金融业

续表

公司名称	所属国	对港澳台地区的标识			行业
		台湾	香港	澳门	
喜力控股公司	荷兰	独列	独列	未涉及	快消
阿斯利康	英国	独列	独列	未涉及	其他
安进	美国	独列	独列	未涉及	其他
Altice 公司	荷兰	独列	独列	未涉及	互联网
HM 公司	瑞典	独列	独列	未涉及	快消
联合信贷集团	意大利	隶属	独列	未涉及	金融业
大都会人寿	美国	未涉及	独列	未涉及	金融业
可口可乐公司	美国	未涉及	独列	未涉及	快消
德国中央合作银行	德国	未涉及	独列	未涉及	金融业
达能	法国	未涉及	独列	未涉及	快消
荷兰合作银行	荷兰	未涉及	独列	未涉及	金融业
任仕达控股公司	荷兰	未涉及	独列	未涉及	其他
圣戈班集团	法国	独列	隶属	未涉及	其他
AlimentationCouche-Tard 公司	加拿大	独列	隶属	未涉及	其他
瑞士 ABB 集团	瑞士	独列	隶属	未涉及	其他
耐克公司	美国	独列	隶属	未涉及	快消
斯巴鲁公司	日本	独列	隶属	未涉及	汽车
3M 公司	美国	独列	隶属	未涉及	快消
Facebook 公司	美国	独列	隶属	未涉及	互联网
曼福集团	西班牙	独列	隶属	未涉及	其他
Inditex 公司	西班牙	独列	隶属	未涉及	快消
戴姆勒股份公司	德国	隶属	隶属	未涉及	汽车
安盛	法国	隶属	隶属	未涉及	金融业
本田汽车	日本	隶属	隶属	未涉及	汽车
摩根大通公司	美国	隶属	隶属	未涉及	金融业
雷普索尔公司	西班牙	隶属	隶属	未涉及	其他

续表

公司名称	所属国	对港澳台地区的标识			行业
		台湾	香港	澳门	
费森尤斯集团	德国	隶属	隶属	未涉及	其他
三星人寿保险	韩国	隶属	隶属	未涉及	金融业
沃尔玛	美国	独列	未涉及	未涉及	其他
嘉能可	瑞士	独列	未涉及	未涉及	金融业
道达尔公司	法国	独列	未涉及	未涉及	其他
ADM 公司	美国	独列	未涉及	未涉及	其他
英特尔公司	美国	独列	未涉及	未涉及	互联网
联合利华	英国	独列	未涉及	未涉及	快消
电装公司	日本	独列	未涉及	未涉及	其他
高盛	美国	独列	未涉及	未涉及	金融业
日本三菱重工业股份有限公司	日本	独列	未涉及	未涉及	其他
马士基集团	丹麦	独列	未涉及	未涉及	其他
沙特基础工业公司	沙特	独列	未涉及	未涉及	其他
力拓集团	英国	独列	未涉及	未涉及	其他
途易	德国	隶属	未涉及	未涉及	其他

注：（1）"独列"指的是把港澳台地区列在中国领土之外；（2）"隶属"指的是把港澳台地区列为隶属于中国领土；（3）"未涉及"指的是在该公司官网中未涉及中国港澳台地区。

二 184 家涉及我国港澳台地区标识的 2018 年度世界 500 强企业名单

世界排名	公司名称	所属国别	行业	对港澳台地区的标识		
				台湾	香港	澳门
2	国家电网	中国	能源化工	未涉及	隶属	未涉及
3	中国石油化工集团	中国	能源化工	隶属	隶属	隶属
5	荷兰皇家壳牌石油公司	荷兰	能源化工	隶属	隶属	隶属
7	大众公司	德国	制造业	独列	未涉及	未涉及
9	埃克森美孚	美国	能源化工	独列	独列	未涉及
11	苹果公司	美国	ICT	独列	独列	独列
12	三星电子	韩国	ICT	独列	独列	未涉及
16	戴姆勒股份公司	德国	制造业	隶属	隶属	未涉及
18	亚马逊	美国	ICT	独列	独列	独列
22	福特汽车公司	美国	制造业	隶属	隶属	未涉及
27	安盛	法国	金融	隶属	隶属	未涉及
28	道达尔公司	法国	能源化工	独列	未涉及	未涉及
30	本田汽车	日本	制造业	隶属	隶属	未涉及
38	安联保险集团	德国	金融	独列	独列	未涉及
44	法国巴黎银行	法国	金融	独列	独列	未涉及
46	中国银行	中国	金融	隶属	隶属	隶属
47	摩根大通公司	美国	金融	独列	独列	未涉及

续表

世界排名	公司名称	所属国别	行业	对港澳台地区的标识		
				台湾	香港	澳门
49	俄罗斯天然气工业股份公司	俄罗斯	能源化工	隶属	未涉及	未涉及
50	英国保诚集团	英国	金融	独列	独列	未涉及
54	日产汽车	日本	制造业	独列	独列	未涉及
58	中国铁道建筑总公司	中国	建筑	未涉及	隶属	隶属
66	西门子	德国	制造业	隶属	隶属	未涉及
68	家乐福	法国	贸易零售	独列	未涉及	未涉及
69	雀巢公司	瑞士	日用消费行业	隶属	隶属	未涉及
71	微软	美国	ICT	独列	隶属	未涉及
72	华为投资控股有限公司	中国	ICT	未涉及	隶属	未涉及
75	博世集团	德国	制造业	独列	独列	独列
76	花旗集团	美国	金融	独列	独列	独列
78	现代汽车	韩国	制造业	独列	隶属	隶属
79	日立	日本	综合	独列	独列	未涉及
82	法国农业信贷银行	法国	金融	独列	独列	未涉及
86	中国华润有限公司	中国	综合	隶属	隶属	隶属
89	埃尼石油	意大利	能源化工	独列	未涉及	未涉及
91	中国交通建设集团有限公司	中国	建筑	未涉及	隶属	隶属
92	国际商业机器公司	美国	ICT	独列	隶属	未涉及
93	戴尔科技公司	美国	ICT	隶属	隶属	未涉及
94	法国电力公司	法国	能源化工	独列	独列	未涉及
98	中国中化集团公司	中国	能源化工	隶属	隶属	隶属
99	JXTG 控股有限公司	日本	能源化工	独列	未涉及	未涉及
102	乐购	英国	贸易零售	独列	未涉及	未涉及
104	Engie 集团	法国	能源化工	独列	独列	未涉及

续表

世界排名	公司名称	所属国别	行业	对港澳台地区的标识		
				台湾	香港	澳门
105	空中客车集团	荷兰	制造业	未涉及	隶属	未涉及
108	标致	法国	制造业	隶属	隶属	未涉及
112	巴斯夫公司	德国	能源化工	独列	独列	未涉及
113	中国邮政集团公司	中国	服务业	隶属	隶属	隶属
114	松下	日本	制造业	隶属	隶属	未涉及
120	慕尼黑再保险集团	德国	金融	独列	未涉及	未涉及
121	法国兴业银行	法国	金融	独列	独列	未涉及
127	安赛乐米塔尔	卢森堡	能源化工	独列	未涉及	未涉及
128	美国劳氏公司	美国	贸易零售	独列	独列	未涉及
129	三菱商事株式会社	日本	贸易零售	独列	未涉及	未涉及
130	丸红株式会社	日本	贸易零售	独列	未涉及	未涉及
132	天津物产集团有限公司	中国	综合	隶属	隶属	隶属
134	雷诺	法国	制造业	独列	隶属	未涉及
135	宝洁公司	美国	日用消费行业	隶属	隶属	未涉及
136	大都会人寿	美国	金融	未涉及	独列	未涉及
138	联合包裹速递服务公司	美国	服务业	独列	独列	独列
139	荷兰全球保险集团	荷兰	金融	未涉及	隶属	未涉及
142	苏黎世保险集团	瑞士	金融	独列	独列	未涉及
143	英杰华集团	英国	金融	未涉及	隶属	未涉及
144	百事公司	美国	日用消费行业	独列	未涉及	未涉及
147	杜邦公司	美国	综合	隶属	隶属	未涉及
151	法国 BPCE 银行集团	法国	金融	独列	独列	未涉及

续表

世界排名	公司名称	所属国别	行业	对港澳台地区的标识		
				台湾	香港	澳门
152	ADM 公司	美国	日用消费行业	独列	未涉及	未涉及
153	联合利华	英国	日用消费行业	隶属	隶属	未涉及
154	安泰保险	美国	金融	未涉及	独列	未涉及
155	联邦快递	美国	服务业	隶属	隶属	隶属
156	欧尚集团	法国	贸易零售	独列	未涉及	未涉及
158	沃达丰集团	英国	ICT	独列	独列	未涉及
160	保德信金融集团	美国	金融	独列	独列	未涉及
169	瑞士罗氏公司	瑞士	医药	独列	未涉及	未涉及
171	荷兰国际集团	荷兰	金融	独列	隶属	未涉及
174	西斯科公司	美国	日用消费行业	独列	独列	独列
176	华特迪士尼公司	美国	传媒	独列	隶属	未涉及
177	三菱日联金融集团	日本	金融	独列	独列	未涉及
178	LG 电子	韩国	制造业	独列	未涉及	未涉及
181	京东集团	中国	ICT	隶属	隶属	隶属
187	辉瑞制药有限公司	美国	医药	独列	独列	未涉及
190	惠普公司	美国	ICT	隶属	隶属	未涉及
193	拜耳集团	德国	医药	独列	独列	未涉及
200	洛克希德·马丁	美国	制造业	独列	未涉及	未涉及
203	诺华公司	瑞士	医药	独列	独列	未涉及
204	日本伊藤忠商事株式会社	日本	综合	独列	未涉及	未涉及
206	德国大陆集团	德国	制造业	独列	未涉及	未涉及
207	美国国际集团	美国	金融	独列	独列	独列
212	思科公司	美国	ICT	独列	独列	未涉及

世界排名	公司名称	所属国别	行业	对港澳台地区的标识		
				台湾	香港	澳门
216	印度国家银行	印度	金融	未涉及	独列	未涉及
221	MS&AD 保险集团控股有限公司	日本	金融	独列	独列	独列
223	德意志银行	德国	金融	独列	隶属	未涉及
226	万喜集团	法国	建筑	独列	独列	未涉及
229	电装公司	日本	制造业	独列	未涉及	未涉及
233	邦吉集团	美国	日用消费行业	独列	未涉及	未涉及
236	日本 KDDI 电信公司	日本	ICT	独列	独列	未涉及
240	联想集团	中国	ICT	隶属	隶属	未涉及
241	宏利金融	加拿大	金融	独列	独列	独列
244	韩华集团	韩国	综合	独列	隶属	未涉及
246	三井物产株式会社	日本	综合	独列	未涉及	未涉及
248	丰益国际	新加坡	日用消费行业	独列	未涉及	未涉及
249	摩根士丹利	美国	金融	独列	独列	未涉及
250	住友商事	日本	综合	独列	未涉及	未涉及
256	中国机械工业集团有限公司	中国	制造业	未涉及	独列	独列
257	瑞士再保险股份有限公司	瑞士	金融	未涉及	隶属	隶属
259	高盛	美国	金融	独列	未涉及	未涉及
262	雷普索尔公司	西班牙	能源化工	独列	未涉及	未涉及
263	信诺	美国	金融	独列	独列	未涉及
266	达美航空	美国	服务业	未涉及	隶属	隶属
271	赛诺菲	法国	医药	独列	独列	未涉及
274	Facebook 公司	美国	ICT	独列	独列	独列

世界排名	公司名称	所属国别	行业	对港澳台地区的标识		
				台湾	香港	澳门
276	默沙东	美国	医药	独列	独列	未涉及
278	力拓集团	英国	能源化工	独列	未涉及	未涉及
279	三菱电机股份有限公司	日本	制造业	独列	独列	未涉及
281	沙特基础工业公司	沙特阿拉伯	能源化工	独列	独列	未涉及
283	怡和集团	中国	综合	隶属	隶属	未涉及
284	西班牙 ACS 集团	西班牙	建筑	未涉及	独列	未涉及
290	英国葛兰素史克公司	英国	医药	独列	独列	独列
291	Talanx 公司	德国	金融	独列	未涉及	未涉及
292	加拿大皇家银行	加拿大	金融	未涉及	独列	未涉及
295	友邦保险集团	中国	金融	独列	独列	独列
301	美国联合大陆控股有限公司	美国	服务业	未涉及	隶属	未涉及
302	甲骨文公司	美国	ICT	隶属	隶属	未涉及
305	马士基集团	丹麦	服务业	独列	未涉及	未涉及
306	瑞银集团	瑞士	金融	独列	隶属	未涉及
311	日本三菱重工业股份有限公司	日本	制造业	独列	独列	未涉及
313	富士通	日本	ICT	独列	独列	未涉及
315	Tech Data 公司	美国	ICT	未涉及	独列	未涉及
316	埃森哲	爱尔兰	服务业	未涉及	隶属	未涉及
317	佳能	日本	制造业	独列	独列	未涉及
318	英国森特理克集团	英国	能源化工	未涉及	独列	未涉及
323	美的集团股份有限公司	中国	制造业	未涉及	独列	未涉及
326	东芝	日本	制造业	独列	独列	未涉及

世界排名	公司名称	所属国别	行业	对港澳台地区的标识		
				台湾	香港	澳门
327	美国运通公司	美国	金融	隶属	隶属	隶属
328	可口可乐公司	美国	日用消费行业	未涉及	隶属	未涉及
338	利安德巴塞尔工业公司	荷兰	能源化工	独列	未涉及	未涉及
340	耐克公司	美国	日用消费行业	独列	独列	未涉及
341	瑞士 ABB 集团	瑞士	能源化工	隶属	未涉及	未涉及
348	铃木汽车	日本	制造业	独列	独列	未涉及
351	全球燃料服务公司	美国	能源化工	独列	独列	未涉及
354	广达电脑公司	中国	ICT	独列	未涉及	未涉及
355	德国中央合作银行	德国	金融	未涉及	独列	未涉及
358	日本钢铁工程控股公司	日本	能源化工	独列	未涉及	未涉及
365	普利司通	日本	能源化工	独列	未涉及	未涉及
366	安达保险公司	瑞士	金融	独列	独列	未涉及
368	台积电	中国	制造业	独列	隶属	隶属
372	CHS 公司	美国	日用消费行业	独列	未涉及	未涉及
373	瑞士信贷	瑞士	金融	独列	隶属	未涉及
374	长江和记实业有限公司	中国	综合	独列	独列	独列
376	3M 公司	美国	综合	独列	隶属	未涉及
377	英国电信集团	英国	ICT	未涉及	独列	未涉及
378	马自达汽车株式会社	日本	制造业	独列	独列	未涉及
379	时代华纳	美国	传媒	未涉及	独列	未涉及
384	斯巴鲁公司	日本	制造业	独列	独列	未涉及

续表

世界排名	公司名称	所属国别	行业	对港澳台地区的标识		
				台湾	香港	澳门
392	欧莱雅	法国	日用消费行业	独列	隶属	隶属
396	美敦力公司	爱尔兰	医药	隶属	隶属	未涉及
398	日本出光兴产株式会社	日本	能源化工	独列	未涉及	未涉及
402	联合信贷集团	意大利	金融	未涉及	独列	未涉及
406	法国航空—荷兰皇家航空集团	法国	服务业	隶属	隶属	未涉及
409	慧与公司	美国	ICT	独列	独列	未涉及
411	菲利普·莫里斯国际公司	美国	日用消费行业	独列	独列	未涉及
413	康帕斯集团	英国	ICT	独列	独列	未涉及
414	西太平洋银行	澳大利亚	金融	未涉及	独列	未涉及
422	艾伯维	美国	医药	独列	独列	未涉及
423	荷兰皇家飞利浦公司	荷兰	制造业	独列	隶属	未涉及
424	施耐德电气	法国	ICT	独列	独列	未涉及
425	住友电工	日本	ICT	独列	独列	未涉及
426	达能	法国	日用消费行业	未涉及	隶属	未涉及
430	加拿大丰业银行	加拿大	金融	未涉及	独列	未涉及
432	纬创集团	中国	ICT	独列	隶属	未涉及
433	雅培公司	美国	医药	隶属	隶属	未涉及
439	曼福集团	西班牙	金融	独列	未涉及	未涉及
446	SAP 公司	德国	ICT	未涉及	隶属	未涉及
448	澳新银行集团	澳大利亚	金融	独列	隶属	未涉及
450	任仕达控股公司	荷兰	服务业	未涉及	隶属	未涉及

续表

世界排名	公司名称	所属国别	行业	对港澳台地区的标识		
				台湾	香港	澳门
451	卡夫亨氏公司	美国	日用消费行业	未涉及	隶属	未涉及
453	英美烟草集团	英国	日用消费行业	独列	独列	未涉及
455	Gilead Sciences 公司	美国	医药	独列	独列	未涉及
463	日本电气公司	日本	ICT	独列	独列	未涉及
471	KB 金融集团	韩国	金融	未涉及	独列	未涉及
475	喜力控股公司	荷兰	日用消费行业	独列	独列	未涉及
479	富邦金融控股股份有限公司	中国	金融	独列	独列	未涉及
482	贺利氏控股集团	德国	综合	独列	独列	未涉及
484	DXC Technology 公司	美国	ICT	独列	独列	未涉及
491	德国勃林格殷格翰公司	德国	医药	独列	独列	未涉及
492	荷兰合作银行	荷兰	金融	独列	隶属	未涉及
500	爱立信公司	瑞典	ICT	独列	独列	未涉及

注：（1）"独列"指的是把港澳台地区列在中国领土之外；（2）"隶属"指的是把港澳台地区列为隶属于中国领土；（3）"未涉及"指的是在该公司官网中未涉及中国港澳台地区。

参考文献

邓小平:《一个国家,两种制度》,《两岸关系》2004
年第 3 期。

江泽民:《为促进祖国统一大业的完成而继续奋斗》,
《人民论坛》1995 年第 3 期。

胡锦涛:《坚持一个中国原则,促进祖国统一大业》,
《党的文献》2006 年第 2 期。

习近平:《为实现民族伟大复兴 推进祖国和平统一而
共同奋斗——在〈告台湾同胞书〉发表 40 周年纪
念会上的讲话》,《人民日报》2019 年 1 月 3 日第
2 版。

李林、支振锋主编:《网络法治蓝皮书:中国网络法
治发展报告 (2018)》,社会科学文献出版社 2018
年版。

李林、支振锋主编:《网络法治蓝皮书:中国网络
法治发展报告 (2019)》,社会科学文献出版社

2020 年版。

祝志男:《中美两国围绕一个中国原则斗争的历史考察》,《思想理论教育导刊》2018 年第 11 期。

后　记

由于近代西方列强的殖民和侵略，中国迄今尚未完全实现国家统一，这是西方殖民侵略强加给中国人民的痛苦。在我国恢复行使香港和澳门主权之后，只有台湾尚待统一。台湾是中国领土不可分割的一部分，"一个中国"原则要求已经成为公认的国际法要求，得到国际社会的普遍认同和遵守。

在这个背景下，作为在国际经济领域扮演重要角色的世界 500 强企业，在其业务活动中遵守"一个中国"原则这个公认的国际法要求，既体现其业务活动是否规范，以及对中国主权领土完整是否尊重，也体现其企业经营方式是否专业和是否积极承担企业社会责任。但实践中，以世界"500 强"为代表的跨国企业，在尊重"一个中国"原则上，普遍表现不好。一边在中国市场呼风唤雨、攫取巨额利润，一边却又违反"一个中国"原则伤害中国人民的民族感情，这种情况屡见不鲜。

有鉴于此，自2018年始，我们开始组织专项课题组，从世界500强企业的官网（特指该公司总部在其注册国家所开办的官方网站）对我国港澳台地区的标识情况切入，观察相关外企对"一个中国"原则要求的遵守情况。2018年报告发布之后，反响良好，取得了很好的预期目标。但一年时间过去了，仍然有不少世界500强跨国企业并未改正涉港澳台地区的错误标识。

为持续考察这些跨国企业涉港澳台地区标识情况是否有所改善，课题组决定继续对以世界500强企业为代表的跨国企业遵守"一个中国"原则情况进行追踪调查，并完成了2019年度报告。从两年调查结果的比较看，的确有些跨国企业改正了错误，但世界500强企业违反"一个中国"原则现象仍非常普遍。督促以世界500强企业为代表的跨国公司遵守"一个中国"原则，仍然任重道远。

由于时间较紧，调研工作量相对繁杂，又涉及大量数据的统计和分析，本书可能存在不足之处。希望各位方家能够批评指正，帮助我们继续提高。

支振锋

2019年12月

支振锋，中国社会科学院法学研究所研究员、博士生导师，《环球法律评论》杂志副主编，西北大学兼职教授，国家"万人计划"青年拔尖人才。中国法理学研究会常务理事，《人民日报》评论部专家顾问组成员。

曾主持国家社科基金课题两项，中央宣传部、中央政法委、中央网信办、最高人民法院、教育部、司法部等部门委托课题二十余项。出版著（译）作十九部（含《国家智库报告》），在权威或核心期刊发表学术论文五十余篇，在《人民日报》《光明日报》《求是》"两报一刊"发表文章六十余篇，在其他报刊发表文章二百余篇。

田丽，北京大学新媒体研究院副教授、互联网发展研究中心主任、博士生导师。

刘晶晶，中国社会科学院—上海市政府上海研究院、上海大学社会学院博士研究生。参与省部级以上课题十余项，参与编写《网络法治蓝皮书》《网站商业价值评估报告》等，在《青年记者》《网络传播》等刊物发表论文三篇，出版《中国网络法治发展报告（2018—2019）》（中国社会科学出版社 2019 年版）等著作。

丁文婕，中国社会科学院大学（研究生院）硕士研究生。